T.S. Eliot *Poemas*

T.S. Eliot *Poemas*

*Organização, tradução
e posfácio*
Caetano W. Galindo

2ª reimpressão

Copyright © 2015 by Set Copyrights Limited

Grafia atualizada segundo o Acordo Ortográfico da Língua Portuguesa de 1990, que entrou em vigor no Brasil em 2009.

TÍTULO ORIGINAL
Collected Poems 1909-1962 by T.S. Eliot (Faber & Faber, 1963)

CAPA E PROJETO GRÁFICO
Victor Burton

ILUSTRAÇÃO DE CAPA
Wyndham Lewis, *Portrait of Thomas Stearns Eliot*, c. 1930, bico de pena e aguada, 35,2 × 26,4 cm. National Gallery of Victoria, Melbourne, Austrália/ Bridgeman Images/ Fotoarena

FOTO DO MIOLO
Bettmann/ Getty Images

PREPARAÇÃO
Guilherme Gontijo Flores

REVISÃO
Huendel Viana e Fernando Nuno

Dados Internacionais de Catalogação na Publicação (CIP)
(Câmara Brasileira do Livro, SP, Brasil)

Eliot, T.S.
    Poemas / T.S. Eliot ; organização, tradução e posfácio Caetano W. Galindo. — 1ª ed. — São Paulo : Companhia das Letras, 2018.

    Título original: Collected Poems 1909-1962.
    ISBN 978-85-359-3178-5

    1. Poesia inglesa I. Galindo, Caetano W. II. Título.

18-20423   CDD-821

Índice para catálogo sistemático:
1. Poesia : Literatura inglesa   821
Iolanda Rodrigues Biode – Bibliotecária – CRB-8/10014

[2022]
Todos os direitos desta edição reservados à
EDITORA SCHWARCZ S.A.
Rua Bandeira Paulista, 702, cj. 32
04532-002 — São Paulo — SP
Telefone: (11) 3707-3500
www.companhiadasletras.com.br
www.blogdacompanhia.com.br
facebook.com/companhiadasletras
instagram.com/companhiadasletras
twitter.com/cialetras

Sumário

Nota a esta edição 9

Prufrock e outras observações (1917) 11
A canção de amor de J. Alfred Prufrock 13
Retrato de uma senhora 25
Prelúdios 35
Rapsódia para uma noite de vento 41
Manhã à janela 47
O "Boston Evening Transcript" 49
Tia Helen 51
Prima Nancy 53
Sr. Apollinax 55
Histeria 57
Conversation Galante 59
La Figlia Che Piange 61

Poemas (1920) 63
Gerontion 65
Burbank com um Baedeker: Bleistein com um charuto 71
Sweeney ereto 75
Um ovo para cozinhar 81
Le Directeur 85
Mélange Adultère de Tout 87
Lune de Miel 89
O Hipopótamo 91

Dans le Restaurant 95
Sussurros de imortalidade 99
O serviço religioso das manhãs dominicais do sr. Eliot 103
Sweeney entre os rouxinóis 107

A terra devastada (1922) 111
I. O enterro dos mortos 113
II. Uma partida de xadrez 119
III. O sermão do fogo 127
IV. Morte na água 139
V. O que disse o trovão 141
Notas para *A terra devastada* 151

Os homens ocos (1925) 165
Os homens ocos 167

Quarta-Feira de Cinzas (1930) 177
I. "Porque eu já não espero tornar mais" 179
II. "Senhora, três leopardos brancos sob um pé de zimbro sentados" 183
III. "Na primeira volta da segunda escada" 187
IV. "Quem tem andado entre a violeta e o violeta" 189
V. "Se está perdido o verbo perdido, se está gasto o verbo gasto" 193
VI. "Embora eu não espere tornar mais" 197

Poemas de Ariel (1927-54) 201
Jornada dos magos 203
Um cântico para Simeão 207
Animula 211
Marina 215
O cultivo de árvores de Natal 219

Quatro quartetos (1943) *223*
Burnt Norton *225*
East Coker *239*
The Dry Salvages *257*
Little Gidding *277*

O livro dos gatos sensatos
do Velho Gambá (1939) *297*
Prefácio *299*
Dar nome pra um gato *301*
A velha Gatinorme *305*
O gato Rosnulfo não vai se render *309*
Pirlimpimpão *315*
A canção dos Coisulinos *319*
Mingogério e Rumpeltim *323*
O velho Deuteronômico *327*
Da pavorosa batalha de Pequins e Bichulins *331*
Mestre Fistofelino *337*
Mauválio: o gato dúbio *343*
Zé: o Gato do Teatro *347*
Bistovão Colosso: o Gato Aristocrata *351*
Chulipa: o gato ferroviário *355*
Inter-pelar um Gato *361*
O Gato Bento se apresenta *367*

Notas *369*
Posfácio *385*
Sobre o autor *433*
Sobre o tradutor *435*
Índice de títulos e primeiros versos *437*

Nota a esta edição

Este volume inclui oito livros e livretos independentes publicados em vida por T.S. Eliot: *Prufrock e outras observações* (1917), *Poemas* (1920), *A terra devastada* (1922), *Os homens ocos* (1925), *Quarta-Feira de Cinzas* (1930), *Poemas de Ariel* (1927-54), *Quatro quartetos* (1943) e *O livro dos gatos sensatos do Velho Gambá* (1939); ficam excetuados, portanto, apenas poemas incompletos, dispersos ou publicados postumamente. Ao fim da edição, estão reunidas mais de sessenta notas com a tradução de citações, referências de contextos e outras observações sobre poemas, epígrafes e, por vezes, títulos.

Prufrock and Other Observations (1917)

For Jean Verdenal, 1889-1915
mort aux Dardanelles

Or puoi la quantitate
comprender dell'amor ch'a te mi scalda,
quando dismento nostra vanitate,
trattando l'ombre come cosa salda.

Prufrock
e outras observações
(1917)

Para Jean Verdenal, 1889-1915
mort aux Dardanelles

Or puoi la quantitate
comprender dell'amor ch'a te mi scalda,
quando dismento nostra vanitate,
trattando l'ombre come cosa salda.

The Love Song of J. Alfred Prufrock

S'io credesse que mia risposta fosse
a persona que mai tornasse al mondo,
questa fiamma staria senza piu scosse.
Ma per ciò che giammai di questo fondo
non tornò vivo alcun, s'i'odo il vero,
senza tema d'infamia ti rispondo.

Let us go then, you and I,
When the evening is spread out against the sky
Like a patient etherized upon a table;
Let us go, through certain half-deserted streets,
The muttering retreats
Of restless nights in one-night cheap hotels
And sawdust restaurants with oyster-shells:
Streets that follow like a tedious argument
Of insidious intent
To lead you to an overwhelming question...
Oh, do not ask, 'What is it?'
Let us go and make our visit.

In the room the women come and go
Talking of Michelangelo.

The yellow fog that rubs its back upon the window-panes,
The yellow smoke that rubs its muzzle on the window-panes,
Licked its tongue into the corners of the evening,
Lingered upon the pools that stand in drains,
Let fall upon its back the soot that falls from chimneys,

A canção de amor de J. Alfred Prufrock

S'io credesse que mia risposta fosse
a persona que mai tornasse al mondo,
questa fiamma staria senza piu scosse.
Ma per ciò che giammai di questo fondo
non tornò vivo alcun, s'i'odo il vero,
senza tema d'infamia ti rispondo.

Pois vamos lá, você e eu,
Quando a tarde no céu se estendeu
Como um doente eterizado numa mesa;
Vamos lá, por caminhos já quase vazios,
Refúgios, balbucios
De noites tensas em motéis baratos,
Mesas reles, ostras ocas sobre os pratos:
Ruas que se emendam como arenga arrastada,
Mais que mal-intencionada,
Que te leva a uma imensa questão…
Ah, não diga, "Qual?"
Vamos lá, nessa visita social.

Na sala as damas dão olá e alô,
O assunto agora é Michelangelo.

A névoa amarela roça o dorso nas janelas,
Fumaça amarela roça a fuça nas janelas:
Meteu a língua nos cantos da tarde,
Restou nos ralos empoçados da viela,
Deixou cobrir-lhe o dorso a fuligem que cai,

Slipped by the terrace, made a sudden leap,
And seeing that it was a soft October night,
Curled once about the house, and fell asleep.

And indeed there will be time
For the yellow smoke that slides along the street
Rubbing its back upon the window-panes;
There will be time, there will be time
To prepare a face to meet the faces that you meet;
There will be time to murder and create,
And time for all the works and days of hands
That lift and drop a question on your plate;
Time for you and time for me,
And time yet for a hundred indecisions,
And for a hundred visions and revisions,
Before the taking of a toast and tea.

In the room the women come and go
Talking of Michelangelo.

And indeed there will be time
To wonder, 'Do I dare?' and, 'Do I dare?'
Time to turn back and descend the stair,
With a bald spot in the middle of my hair —
(They will say: 'How his hair is growing thin!')
My morning coat, my collar mounting firmly to the chin,
My necktie rich and modest, but asserted by a simple pin —
(They will say: 'But how his arms and legs are thin!')
Do I dare
Disturb the universe?

Sumiu pelo terraço, de um salto fugiu,
E ao ver a noite fresca, mês de outubro,
Enroscou-se uma vez contra a casa e dormiu.

E tempo de fato haverá
Para a fumaça amarela que flui pela rua,
Roçando o dorso nas janelas;
Tempo haverá, tempo haverá
De ver as outras caras, tendo preparado a sua;
Tempo haverá de assassinato e criação,
E tempo para as obras e dias de braços
Que erguem e largam no seu colo a questão;
Para você e para mim, tempo haverá,
E tempo ainda para cem indecisões,
E uma centena de visões e revisões;
Depois, uma torrada com seu chá.

Na sala as damas dão olá e alô,
O assunto agora é Michelangelo.

E tempo de fato haverá
De imaginar, "Eu ousaria?" e "Ousaria?"
Tempo de voltar, e de descer a escadaria,
Mostrando no crânio essa pele vazia —
(Dirão: "Mas seu cabelo está minguando!")
Minha casaca, o colarinho rijo se empinando,
Gravata fina e sóbria, que com simples alfinete abrando —
(Dirão: "Seus braços, suas pernas vão minguando!")
E eu ousaria
Perturbar o universo?

In a minute there is time
For decisions and revisions which a minute will reverse.

For I have known them all already, known them all —
Have known the evenings, mornings, afternoons,
I have measured out my life with coffee spoons;
I know the voices dying with a dying fall
Beneath the music from a farther room.
      So how should I presume?

And I have known the eyes already, known them all —
The eyes that fix you in a formulated phrase,
And when I am formulated, sprawling on a pin,
When I am pinned and wriggling on the wall,
Then how should I begin
To spit out all the butt-ends of my days and ways?
      And how should I presume?

And I have known the arms already, known them all —
Arms that are braceleted and white and bare
(But in the lamplight, downed with light brown hair!)
Is it perfume from a dress
That makes me so digress?
Arms that lie along a table, or wrap about a shawl.
      And should I then presume?
      And how should I begin?

. . . . .

Num minuto cabe o tempo
De decisões e revisões que num minuto são o inverso.

Pois já dei fé de tudo, disso tudo —
Das noites, das manhãs, das tardes já dei fé,
Medi a vida em colherinhas de café;
Dou fé das vozes mortas num acorde mudo
Por sob a música que vem da sala ao lado.
      Portanto, como eu teria arriscado?

E já dei fé dos olhos, disso tudo —
Dos olhos que te cravam nessas frases frias,
E estando frio, se vem um alfinete me cravar,
Esperneando, alfinetado para estudo,
Como então iniciar
A vomitar bitucas dos meus modos, dos meus dias?
      E como eu teria arriscado?

E já dei fé dos braços, disso tudo —
Braços brancos, com pulseiras, braços nus
(Penugem clara, aqui, na contraluz!)
Será o perfume de um vestido
O que me deixa distraído?
Braços na mesa, ou vestidos em xale felpudo.
      E então hei de arriscar?
      E como iniciar?

. . . . .

*Shall I say, I have gone at dusk through narrow streets
And watched the smoke that rises from the pipes
Of lonely men in shirt-sleeves, leaning out of windows?...*

*I should have been a pair of ragged claws
Scuttling across the floors of silent seas.*

. . . . .

*And the afternoon, the evening, sleeps so peacefully!
Smoothed by long fingers,
Asleep... tired... or it malingers,
Stretched on the floor, here beside you and me.
Should I, after tea and cakes and ices,
Have the strength to force the moment to its crisis?
But though I have wept and fasted, wept and prayed,
Though I have seen my head (grown slightly bald) brought in
                                                [upon a platter,
I am no prophet — and here's no great matter;
I have seen the moment of my greatness flicker,
And I have seen the eternal Footman hold my coat, and snicker,
And in short, I was afraid.*

*And would it have been worth it, after all,
After the cups, the marmalade, the tea,
Among the porcelain, among some talk of you and me,
Would it have been worth while,
To have bitten off the matter with a smile,
To have squeezed the universe into a ball
To roll it towards some overwhelming question,*

Digo que andei ao pôr do sol por ruas parcas?
Que vi subir o fumo dos cachimbos
De homens sós sem paletós e debruçados das janelas?...

Eu deveria ser um par de garras rotas
Correndo sobre o leito de silentes mares.

. . . . .

E a tarde, a noite dorme em tanta paz!
Longos dedos lhe fazem carícias;
Adormecida... fatigada... ou seria malícia,
No chão, aqui ao nosso lado, ela jaz.
Será que depois do chá e do biscoito
Eu forçaria um ato mais afoito?
Malgrado pranto e jejum, malgrado prantos e orações, concedo:
Malgrado ver minha cabeça (algo calva) ser trazida numa salva,
Não sou profeta — e nada aqui se salva;
Vi meu momento de grandeza cintilar,
E vi o eterno Lacaio pegar meu casaco, num esgar,
E, em suma, tive medo.

E compensaria, depois de tudo?
De xícaras, geleia e chá depois?
Em meio à porcelana, falando de nós dois,
Será que compensaria?
Romper aquilo tudo enquanto ria,
Torcer este universo num canudo
Que rolaria rumo à imensa questão,

To say: 'I am Lazarus, come from the dead,
Come back to tell you all, I shall tell you all' —
If one, settling a pillow by her head,
      Should say: 'That is not what I meant at all.
      That is not it, at all.'

And would it have been worth it, after all,
Would it have been worth while,
After the sunsets and the dooryards and the sprinkled streets,
After the novels, after the teacups, after the skirts that trail along
                                                       [*the floor* —
And this, and so much more? —
It is impossible to say just what I mean!
But as if a magic lantern threw the nerves in patterns on a screen:
Would it have been worth while
If one, settling a pillow or throwing off a shawl,
And turning toward the window, should say:
      'That is not it at all,
      That is not what I meant, at all.'

. . . . .

No! I am not Prince Hamlet, nor was meant to be;
Am an attendant lord, one that will do
To swell a progress, start a scene or two,
Advise the prince; no doubt, an easy tool,
Deferential, glad to be of use,
Politic, cautious, and meticulous;
Full of high sentence, but a bit obtuse;

Dizer: "Sou Lázaro, voltei depois da morte,
Voltei para contar-lhes tudo, vou contar-lhes tudo" —
Se ela ajeita uma almofada que a conforte,
    E diz: "Não era disso que eu estava falando, contudo.
    Não era isso, contudo".

E compensaria, depois de tudo?
Será que compensaria,
Depois dos crepúsculos, quintais, depois das ruas respingadas,
Depois dos romances, das xícaras, das saias compridas
                                        [demais —
E disso e tanto mais? —
É impossível exprimir o que eu penso!
Mas qual lanterna mágica, que lance os nervos num padrão
                                            [imenso:
Será que compensaria?
Se ela ajeita uma almofada, ou dispensa xale e tudo,
E virando para a janela, diz:
    "Não era isso, contudo
    Não era disso que eu estava falando, contudo."

. . . . .

Não! Não sou príncipe Hamlet, nem quis ser;
Sou lorde serviçal que há de servir apenas
Para engrossar cortejos, numa ou duas cenas,
Ser ferramenta, conselheiro probo,
Afável, satisfeito de me dar ao uso,
Prudente, diplomático e meticuloso;
Retórico elevado, mas um tanto obtuso;

At times, indeed, almost ridiculous —
Almost, at times, the Fool.

I grow old... I grow old...
I shall wear the bottoms of my trousers rolled.

Shall I part my hair behind? Do I dare to eat a peach?
I shall wear white flannel trousers, and walk upon the beach.
I have heard the mermaids singing, each to each.

I do not think that they will sing to me.

I have seen them riding seaward on the waves
Combing the white hair of the waves blown back
When the wind blows the water white and black.

We have lingered in the chambers of the sea
By sea-girls wreathed with seaweed red and brown
Till human voices wake us, and we drown.

Por vezes, na verdade, quase vergonhoso —
Quase, por vezes, o Bobo.

A velhice... A velhice...
É como se a barra das calças já subisse.

Divido o cabelo atrás? Mordo um pêssego, de boca cheia?
Com calças brancas de flanela, hei de caminhar na areia.
Ouvi cantar uma sereia a outra sereia.

Não conto que cantem por mim.

Eu as vi montar as ondas, rumo ao mar,
Cardando a cã das águas que se apruma
Quando o vento sopra a vaga, escuro e escuma.

Nas câmaras do mar por elas adornadas
Entre algas rubras e castanhas nós restamos:
Humanas vozes nos despertam, e afundamos.

Portrait of a Lady

Thou hast committed —
Fornication: but that was in another country,
And besides, the wench is dead.

THE JEW OF MALTA

I

Among the smoke and fog of a December afternoon
You have the scene arrange itself — as it will seem to do —
With 'I have saved this afternoon for you';
And four wax candles in the darkened room,
Four rings of light upon the ceiling overhead,
An atmosphere of Juliet's tomb
Prepared for all the things to be said, or left unsaid.
We have been, let us say, to hear the latest Pole
Transmit the Preludes, through his hair and finger-tips.
'So intimate, this Chopin, that I think his soul
Should be resurrected only among friends
Some two or three, who will not touch the bloom
That is rubbed and questioned in the concert room.'
— And so the conversation slips
Among velleities and carefully caught regrets
Through attenuated tones of violins
Mingled with remote cornets
And begins.
'You do not know how much they mean to me, my friends,
And how, how rare and strange it is, to find

Retrato de uma senhora

Thou hast committed —
Fornication: but that was in another country,
And besides, the wench is dead.

O JUDEU DE MALTA

I

Em meio à névoa e à fumaça de uma tarde de dezembro
Você só deixa a cena se dispor — o que ela faz, como se vê —
Com um "Deixei a tarde para você";
E quatro velas contra o escuro da saleta,
Os quatro anéis de luz no teto,
Um clima do sepulcro de Julieta
Pronto para o que possa ser dito, ou reste quieto.
Vínhamos, digamos, de ouvir o mais recente polonês
Transmitir Prelúdios com cabelo e mãos.
"Tão íntimo, Chopin, que sua alma, a cada vez,
Devia ressurgir apenas entre amigos
Uns dois ou três, que deixem intocada a flor
Que o recital aborda e esfrega sem pudor."
— A conversa então cai em desvãos
De dores, veleidades com cuidado retidas
Nos tênues violinos que a orquestra emitia
Entre cornetas entreouvidas
E inicia.
"Você não sabe o quanto valem para mim as amizades,
E o quanto é raro, raro e estranho ter,

In a life composed so much, so much of odds and ends,
(For indeed I do not love it... you knew? you are not blind!
How keen you are!)
To find a friend who has these qualities,
Who has, and gives
Those qualities upon which friendship lives.
How much it means that I say this to you —
Without these friendships — life, what cauchemar!'

Among the winding of the violins
And the ariettes
Of cracked cornets
Inside my brain a dull tom-tom begins
Absurdly hammering a prelude of its own,
Capricious monotone
That is at least one definite 'false note.'
— Let us take the air, in a tobacco trance,
Admire the monuments,
Discuss the late events,
Correct our watches by the public clocks.
Then sit for half an hour and drink our bocks.

II

Now that lilacs are in bloom
She has a bowl of lilacs in her room
And twists one in her fingers while she talks.
'Ah, my friend, you do not know, you do not know
What life is, you who hold it in your hands';

Numa vida feita tanto, mas tanto, de inutilidades,
(Porque no fundo eu nem gosto... sabia? Você consegue ver!
Você não há de ignorar!)
Ter um amigo com tais qualidades,
Que tenha, e que forneça
O necessário para que a amizade cresça.
O quanto vale eu dizer a você —
Sem essas amizades — a vida, que *cauchemar*!"

Nos meandros das cordas que a orquestra emitia
E das arietas
De roucas cornetas
No meu crânio um tambor abafado inicia
Martelando absurdo o seu próprio prelúdio,
Monocórdio em repúdio
E ao menos uma nota cem por cento "errada"
—Venha respirar, num enlevo de tabaco,
Admirando os monumentos,
Discutindo os acontecimentos,
Acertar nossos relógios pela igreja.
Sentar trinta minutos com nossa cerveja.

II

Agora que há lilases em flor
Ela ostenta lilases no seu corredor
E enrola um no dedo enquanto fala mais.
"Ah, meu amigo, você não sabe, não sabe captar
O que é a vida, mesmo com ela nas mãos";

(*Slowly twisting the lilac stalks*)
'You let it flow from you, you let it flow,
And youth is cruel, and has no remorse
And smiles at situations which it cannot see.'
I smile, of course,
And go on drinking tea.

'Yet with these April sunsets, that somehow recall
My buried life, and Paris in the Spring,
I feel immeasurably at peace, and find the world
To be wonderful and youthful, after all.'

The voice returns like the insistent out-of-tune
Of a broken violin on an August afternoon:
'I am always sure that you understand
My feelings, always sure that you feel,
Sure that across the gulf you reach your hand.

You are invulnerable, you have no Achilles' heel.
You will go on, and when you have prevailed
You can say: at this point many a one has failed.
But what have I, but what have I, my friend,
To give you, what can you receive from me?
Only the friendship and the sympathy
Of one about to reach her journey's end.

I shall sit here, serving tea to friends...'

I take my hat: how can I make a cowardly amends
For what she has said to me?
You will see me any morning in the park

(Torcendo lenta os ramos de lilás)
"E deixa escapar, você deixa escapar,
E a juventude é dura, nunca se arrepende,
Sorri do que não compreenderá."
Concordo, claro, sorridente,
E sigo bebendo o meu chá.

"Mas algo, abril e o pôr do sol, traz um sinal
Da vida que enterrei, Paris na primavera,
E sinto tanta paz, e vejo o mundo
Maravilhoso e jovem, afinal."

A voz retorna qual som descomposto,
Violino rachado numa tarde de agosto:
"Tenho sempre certeza que você entende
O que eu sinto, certeza sempre do que vai achar,
Certeza que por sobre o abismo sua mão se estende.

Invulnerável, Aquiles sem seu calcanhar,
Você vai prosseguir, e ao ver que a vitória chegou
Pode dizer: neste ponto muita gente fracassou.
Mas o que tenho eu, que tenho eu, amigo,
A dar, o que pode você ganhar de mim?
Só a empatia, a amizade, o abrigo
De alguém cujo trajeto chega ao fim.

Hei de restar aqui, servindo o chá da tarde…"

Pego o chapéu: de que maneira compensar, covarde,
O que ela disse a mim?
Você vai me ver no parque, qualquer dia,

Reading the comics and the sporting page.
Particularly I remark.
An English countess goes upon the stage.
A Greek was murdered at a Polish dance,
Another bank defaulter has confessed.
I keep my countenance,
I remain self-possessed
Except when a street-piano, mechanical and tired
Reiterates some worn-out common song
With the smell of hyacinths across the garden
Recalling things that other people have desired.
Are these ideas right or wrong?

III

The October night comes down; returning as before
Except for a slight sensation of being ill at ease
I mount the stairs and turn the handle of the door
And feel as if I had mounted on my hands and knees.
'And so you are going abroad; and when do you return?
But that's a useless question.
You hardly know when you are coming back,
You will find so much to learn.'
My smile falls heavily among the bric-à-brac.

'Perhaps you can write to me.'
My self-possession flares up for a second;
This is as I had reckoned.
'I have been wondering frequently of late
(But our beginnings never know our ends!)

Lendo os quadrinhos e os esportes no jornal.
Especialmente eu notaria
Que uma condessa faz carreira teatral.
Um grego é morto em pleno baile polonês,
Mais um crime bancário confessado.
Mantenho a sensatez,
O rosto inalterado,
Mas não quando um piano, mecânico, indiferente,
Repete notas reles, desgastadas,
No aroma dos jacintos, do outro lado do jardim,
Lembrando sonhos velhos de outra gente.
Essas ideias estão certas ou erradas?

III

Cai a noite de outubro, voltando à saleta,
Mas com uma leve sensação me inquietando,
Eu subo a escada e giro a maçaneta:
É como se escalasse engatinhando.
"Então você vai ao exterior; e quando eu vou te ver?
Mas isso é uma pergunta à toa.
Teu retorno não é urgência que se destaque,
Você vai ter tanto a aprender."
Em meio aos bricabraques meu sorriso cai num baque.

"Talvez você consiga me escrever."
A minha sensatez se acende então;
Quanto a *isso* eu não tinha ilusão.
"Eu tenho me perguntado, nos últimos tempos
(Mas berços nunca deixam ver jazigos!)

Why we have not developed into friends.'
I feel like one who smiles, and turning shall remark
Suddenly, his expression in a glass.
My self-possession gutters; we are really in the dark.

'For everybody said so, all our friends,
They all were sure our feelings would relate
So closely! I myself can hardly understand.
We must leave it now to fate.
You will write, at any rate.
Perhaps it is not too late.
I shall sit here, serving tea to friends.'

And I must borrow every changing shape
To find expression... dance, dance
Like a dancing bear,
Cry like a parrot, chatter like an ape.
Let us take the air, in a tobacco trance —
Well! and what if she should die some afternoon,
Afternoon grey and smoky, evening yellow and rose;
Should die and leave me sitting pen in hand
With the smoke coming down above the housetops;
Doubtful, for quite a while
Not knowing what to feel or if I understand
Or whether wise or foolish, tardy or too soon...
Would she not have the advantage, after all?
This music is successful with a 'dying fall'
Now that we talk of dying —
And should I have the right to smile?

Por que nós não pudemos ser amigos."
Me sinto como quem sorrisse e, virando, fizesse contato,
Súbito, com sua face num espelho.
E minha sensatez goteja; estamos no escuro de fato.

"Pois nossos amigos fizeram tanto alarde,
Diziam que nossos sentimentos seriam iguais,
Idênticos! Eu mesma mal consigo assimilar.
Agora é uma incerteza a mais.
Você vai me escrever, ademais.
Talvez não seja tarde demais.
Hei de restar aqui, servindo o chá da tarde."

E eu tenho que emprestar cada forma mutante
Para achar expressão... dançar, dançar
Como um urso dançante,
Gritando como papagaio, falando igual macaco.
Vamos respirar, num transe de tabaco —
Bom! E caso ela morresse numa certa tarde,
Tarde cinza e esfumaçada, noite fulva, então, rosada;
Morresse e me deixasse, sentado, caneta à mão
Com a fumaça que descesse sobre as casas;
Por enquanto, indeciso,
Sem saber o que sentir, sem ter compreensão
Sem saber se sábio ou tolo, cedo ou tarde...
E não seria dela a preferência?
Esse acorde vence ao morrer em cadência,
Mas por falar em morte —
E me cabe o direito ao sorriso?

Preludes

I

The winter evening settles down
With smell of steaks in passageways.
Six o'clock.
The burnt-out ends of smoky days.
And now a gusty shower wraps
The grimy scraps
Of withered leaves about your feet
And newspapers from vacant lots;
The showers beat
On broken blinds and chimney-pots,
And at the corner of the street
A lonely cab-horse steams and stamps.

And then the lighting of the lamps.

II

The morning comes to consciousness
Of faint stale smells of beer
From the sawdust-trampled street
With all its muddy feet that press
To early coffee-stands.

With the other masquerades
That time resumes,
One thinks of all the hands

Prelúdios

I

O entardecer de inverno se acomoda,
Cheiro de bife que entre as casas passa.
Seis da tarde.
As pontas desses dias de fumaça.
E agora a chuva repentina inunda
A escória imunda
Das folhas murchas postas aos teus pés
E dos jornais do terreno baldio;
A chuva cai mofina
Em persianas rotas, chaminés,
E preso a um coche logo ali na esquina,
Ferve um cavalo inquieto no frio.

E logo cada poste se ilumina.

II

A manhã ganha consciência
De um vago aroma choco de cerveja
Calcado na serragem sobre a rua
Por botas lamacentas destinadas
A cafés que abriram cedo.

Com outros fingimentos
Pelo tempo retomados,
Você imagina cada dedo

That are raising dingy shades
In a thousand furnished rooms.

III

You tossed a blanket from the bed,
You lay upon your back, and waited;
You dozed, and watched the night revealing
The thousand sordid images
Of which your soul was constituted;
They flickered against the ceiling.
And when all the world came back
And the light crept up between the shutters,
And you heard the sparrows in the gutters,
You had such a vision of the street
As the street hardly understands;
Sitting along the bed's edge, where
You curled the papers from your hair,
Or clasped the yellow soles of feet
In the palms of both soiled hands.

IV

His soul stretched tight across the skies
That fade behind a city block,
Or trampled by insistent feet
At four and five and six o'clock;
And short square fingers stuffing pipes,
And evening newspapers, and eyes

Que abre postigos sebentos
Em mil quartinhos mobiliados.

III

Você jogou um cobertor da cama
Você ficou deitada, só esperando,
Caiu no sono e a noite fez concreto
Todo um milhar de imagens sórdidas
Das quais a sua alma era formada;
Elas brilharam contra o teto.
E quando o mundo inteiro retornou
E a luz se insinuou, quando os pardais
Fizeram-se escutar sobre os beirais,
Você teve tais visões das ruas
Que são da própria rua ignoradas;
Sentada ali na beira do colchão,
Desenrolando os papelotes com a mão,
Ou segurando os pés, de solas nuas
Com tuas duas palmas conspurcadas.

IV

A alma dele se distende contra o céu
Que atrás dos prédios morre de uma vez
Ou é calcada em marcha renhida
À tarde, às quatro, às cinco, às seis;
E dedos grossos que enchem seus cachimbos
Jornais vespertinos, olhares

Assured of certain certainties,
The conscience of a blackened street
Impatient to assume the world.

I am moved by fancies that are curled
Around these images, and cling:
The notion of some infinitely gentle
Infinitely suffering thing.

Wipe your hand across your mouth, and laugh;
The worlds revolve like ancient women
Gathering fuel in vacant lots.

Seguros de certas certezas,
A consciência de uma rua enegrecida
Que quer tomar o mundo, impaciente.

Comove-me um conceito que se enrosca
Em torno a tais imagens, renitente:
A ideia de algo infindamente brando,
Martirizando-se infinitamente.

Limpe a boca com a mão, e ria;
Os mundos giram como as anciãs
Que catam lenha pelos cantos.

Rhapsody on a Windy Night

Twelve o'clock.
Along the reaches of the street
Held in a lunar synthesis,
Whispering lunar incantations
Dissolve the floors of memory
And all its clear relations,
Its divisions and precisions.
Every street-lamp that I pass
Beats like a fatalistic drum,
And through the spaces of the dark
Midnight shakes the memory
As a madman shakes a dead geranium.

Half-past one,
The street-lamp sputtered,
The street-lamp muttered,
The street-lamp said, 'Regard that woman
Who hesitates toward you in the light of the door
Which opens on her like a grin.
You see the border of her dress
Is torn and stained with sand,
And you see the corner of her eye
Twists like a crooked pin.'

The memory throws up high and dry
A crowd of twisted things;
A twisted branch upon the beach
Eaten smooth, and polished
As if the world gave up

Rapsódia para uma noite de vento

Zero hora.
Pelas pontas da rua
Contidas numa síntese lunar,
Nos sussurros de feitiços lunares
Dissolve-se o chão da memória
Com todas suas claras relações,
Separações e precisões.
E cada poste por que passo
Percute como um toque fatalista,
Por entre os espaços do escuro
A meia-noite agita a memória
Como um louco agita um gerânio morto.

Uma e meia,
A luz do poste crepitou,
A luz do poste resmungou,
A luz do poste disse, "Perceba aquela mulher
Que hesita sob a luz da porta
Aberta sobre ela como um esgar.
Veja que a barra do vestido
Está rota e manchada de areia,
E veja que o canto do olho
Enrosca como um alfinete torto."

A memória joga ao céu, isola,
Diversas coisas enroscadas;
Um ramo enroscado na praia,
Polido, liso e carcomido
Como se o mundo cedesse

*The secret of its skeleton,
Stiff and white.
A broken spring in a factory yard,
Rust that clings to the form that the strength has left
Hard and curled and ready to snap.*

*Half-past two,
The street-lamp said,
'Remark the cat which flattens itself in the gutter,
Slips out its tongue
And devours a morsel of rancid butter.'
So the hand of a child, automatic,
Slipped out and pocketed a toy that was running along the quay.
I could see nothing behind that child's eye.
I have seen eyes in the street
Trying to peer through lighted shutters,
And a crab one afternoon in a pool,
An old crab with barnacles on his back,
Gripped the end of a stick which I held him.*

*Half-past three,
The lamp sputtered,
The lamp muttered in the dark.
The lamp hummed:
'Regard the moon,*
La lune ne garde aucune rancune,
*She winks a feeble eye,
She smiles into corners.
She smooths the hair of the grass.
The moon has lost her memory.
A washed-out smallpox cracks her face,*

O segredo de seu esqueleto,
Rijo e branco.
Uma mola partida num pátio de fábrica,
Ferrugem grudada na forma que a força largou,
Dura, enrolada e já pronta a romper.

Duas e meia,
A luz do poste disse,
"Perceba o gato que se achata na calçada,
Estica a língua
Devora um naco de manteiga azedada."
Então a mão da criança, automática,
Esticou-se e embolsou um brinquedo que corria pelo cais.
Por trás de seus olhos eu nada enxerguei.
Vi olhos na rua
Tentando espiar por persianas iluminadas,
E um caranguejo um dia numa poça,
Um velho caranguejo com cracas nas costas,
Pegou a ponta de um pau que lhe estendi.

Três e meia,
A luz crepitou,
A luz resmungou no escuro.
A luz murmurou:
"Perceba a lua,
La lune ne garde aucune rancune,
Ela pisca um olho débil,
Sorri rumo às esquinas.
Alisa o cabelo da grama.
A lua perdeu a memória.
Uma vaga varíola lhe fratura o rosto,

Her hand twists a paper rose,
That smells of dust and eau de Cologne,
She is alone
With all the old nocturnal smells
That cross and cross across her brain.'
The reminiscence comes
Of sunless dry geraniums
And dust in crevices,
Smells of chestnuts in the streets,
And female smells in shuttered rooms,
And cigarettes in corridors
And cocktail smells in bars.

The lamp said,
'Four o'clock,
Here is the number on the door.
Memory!
You have the key,
The little lamp spreads a ring on the stair.
Mount.
The bed is open; the tooth-brush hangs on the wall,
Put your shoes at the door, sleep, prepare for life.'

The last twist of the knife.

Sua mão enrosca uma rosa de papel,
Que cheira a poeira e eau de Cologne,
Está só
Com todos os velhos aromas noturnos
Que lhe cruzam, recruzam o cérebro."
Vem a reminiscência
De gerânios que secos feneçam
E pó pelas frestas,
Os cheiros de castanhas pelas ruas
E aromas femininos em quartos fechados,
E cigarros nas passagens
E aromas de drinques nos bares.

A luz disse,
"Quatro horas,
Eis o número da casa.
Memória!
Você está com a chave,
A luz fraca lança um halo sobre a escada.
Suba.
A cama está aberta; a escova de dentes pendente de um gancho,
Deixe os sapatos na porta, durma, prepare-se para a vida."

A faca dá mais uma retorcida.

Morning at the Window

They are rattling breakfast plates in basement kitchens,
And along the trampled edges of the street
I am aware of the damp souls of housemaids
Sprouting despondently at area gates.

The brown waves of fog toss up to me
Twisted faces from the bottom of the street,
And tear from a passer-by with muddy skirts
An aimless smile that hovers in the air
And vanishes along the level of the roofs.

Manhã à janela

Eles batem pires nas cozinhas fundas,
Junto às bordas calcadas da rua
Percebo as almas úmidas das empregadas
Que brotam amuadas dos portões.

As vagas da névoa marrom me arremessam
Rostos contorcidos do fundo da rua
E arrancam da passante de saia enlameada
Um sorriso sem destino que flutua pelo ar
E some junto à linha dos telhados.

The 'Boston Evening Transcript'

The readers of the Boston Evening Transcript
Sway in the wind like a field of ripe corn.

When evening quickens faintly in the street,
Wakening the appetites of life in some
And to others bringing the Boston Evening Transcript,
I mount the steps and ring the bell, turning
Wearily, as one would turn to nod good-bye to La Rochefoucauld,
If the street were time and he at the end of the street,
And I say, 'Cousin Harriet, here is the Boston Evening Transcript.'

O "Boston Evening Transcript"

Os leitores do *Boston Evening Transcript*
Dançam ao vento feito milharal maduro.

Quando a tarde amadurece um pouco mais na rua,
Despertando o apetite da vida em alguns
E a outros trazendo o *Boston Evening Transcript*,
Eu subo a escada e toco a campainha, viro
Cansado, como quem desse adeus a La Rochefoucauld,
Se a rua fosse o tempo, com ele ali no fim da rua,
E digo, "Prima Harriet, eis o *Boston Evening Transcript*".

Aunt Helen

Miss Helen Slingsby was my maiden aunt,
And lived in a small house near a fashionable square
Cared for by servants to the number of four.
Now when she died there was silence in heaven
And silence at her end of the street.
The shutters were drawn and the undertaker wiped his feet —
He was aware that this sort of thing had occurred before.
The dogs were handsomely provided for,
But shortly afterwards the parrot died too.
The Dresden clock continued ticking on the mantelpiece,
And the footman sat upon the dining-table
Holding the second housemaid on his knees —
Who had always been so careful while her mistress lived.

Tia Helen

A srta. Helen Slingsby, minha tia solteirona,
Tinha uma casa pequenina, quase em áreas elegantes,
Mantida por criados que somavam quatro.
Agora, quando ela morreu, ficou calado o céu,
E seu canto da rua, calado.
Cortinas fechadas, o papa-defunto limpou seu calçado —
Sabia bem que coisa assim já houvera antes.
Aos cães deixou legados abundantes,
Mas logo após morreu também seu papagaio.
O relógio da lareira ainda batia no consolo,
E o lacaio sentou sobre a mesa da sala
Tendo a segunda criada no colo —
Ela, tão ciosa quando em vida da patroa.

Cousin Nancy

Miss Nancy Ellicott
Strode across the hills and broke them,
Rode across the hills and broke them —
The barren New England hills —
Riding to hounds
Over the cow-pasture.

Miss Nancy Ellicott smoked
And danced all the modern dances;
And her aunts were not quite sure how they felt about it,
But they knew that it was modern.

Upon the glazen shelves kept watch
Matthew and Waldo, guardians of the faith,
The army of unalterable law.

Prima Nancy

A srta. Nancy Ellicott
Marchou pelas colinas, que domou,
E cavalgou pelas colinas, que domou —
Nuas colinas da Nova Inglaterra —
Caçando com cães
Pelo pasto das vacas.

A srta. Nancy Ellicott fumava
E dançava as danças todas mais modernas;
E suas tias não sabiam muito bem o que pensar,
Mas sabiam que era moderno.

Sobre as lisas prateleiras vigiavam
Matthew e Waldo, guardiães da fé,
Exército da lei inalterável.

Mr. Apollinax

Ω τῆς καινότητος Ἡράκλεις, τῆς
παραδοξολογίας εὐμήχανος ἄνθρωπος.

LUCIANO

When Mr. Apollinax visited the United States
His laughter tinkled among the teacups.
I thought of Fragilion, that shy figure among the birch-trees,
And of Priapus in the shrubbery
Gaping at the lady in the swing.
In the palace of Mrs. Phlaccus, at Professor Channing-Cheetah's
He laughed like an irresponsible foetus.
His laughter was submarine and profound
Like the old man of the sea's
Hidden under coral islands
Where worried bodies of drowned men drift down in the green silence,
Dropping from fingers of surf.

I looked for the head of Mr. Apollinax rolling under a chair
Or grinning over a screen
With seaweed in its hair.
I heard the beat of centaur's hoofs over the hard turf
As his dry and passionate talk devoured the afternoon.
'He is a charming man' — 'But after all what did he mean?' —
'His pointed ears.... He must be unbalanced.' —
'There was something he said that I might have challenged.'
Of dowager Mrs. Phlaccus, and Professor and Mrs. Cheetah
I remember a slice of lemon, and a bitten macaroon.

Sr. Apollinax

*Ω τῆς καινότητος Ἡράκλεις, τῆς
παραδοξολογίας εὐμήχανος ἄνθρωπος.*

LUCIANO

Quando o sr. Apollinax visitou os Estados Unidos
Seu riso tiniu entre as xícaras de chá.
Pensei em Fragilion, figura acanhada entre as bétulas,
E em Priapo nas moitas
Fascinado pela dama no balanço.
No palácio da sra. Phlaccus, na casa do Professor Channing-Chetto
Ele ria irresponsável como um feto.
Seu riso submarino era profundo
Como o do velho do mar
Oculto sob ilhotas de coral
Onde afundam no verde silêncio cadáveres aflitos de afogados
Que escorrem dos dedos das ondas.

Procurei a cabeça do sr. Apollinax rolando sob um escabelo
Ou sorrindo por cima de um biombo
Com algas no cabelo.
Ouvi o baque dos cascos de centauros sobre a terra batida
Enquanto ele tragava a tarde em seu discurso seco, apaixonado.
"É um sujeito encantador" — "Mas afinal o que ele quis dizer?" —
"Aquelas orelhas pontudas... Deve ser desequilibrado."
"Algo que ele disse eu podia ter contestado."
Da viúva sra. Phlaccus e do Professor e sra. Channing-Chetto
Recordo uma fatia de limão e um já mordido *macaron*.

Hysteria

As she laughed I was aware of becoming involved in her laughter and being part of it, until her teeth were only accidental stars with a talent for squad-drill. I was drawn in by short gasps, inhaled at each momentary recovery, lost finally in the dark caverns of her throat, bruised by the ripple of unseen muscles. An elderly waiter with trembling hands was hurriedly spreading a pink and white checked cloth over the rusty green iron table, saying: 'If the lady and gentleman wish to take their tea in the garden, if the lady and gentleman wish to take their tea in the garden...' I decided that if the shaking of her breasts could be stopped, some of the fragments of the afternoon might be collected, and I concentrated my attention with careful subtlety to this end.

Histeria

Enquanto ela ria eu me vi sendo envolvido por seu riso e me tornando parte dele, até que seus dentes fossem apenas estrelas fortuitas com talento para ordem-unida. Fui tragado por alentos curtos, inalado a cada momentânea recuperação, fiquei por fim perdido nas cavernas negras de sua garganta, machucado pelo ondular de músculos invisíveis. Um garçom idoso de mãos trêmulas estendia apressado um tecido xadrez branco e rosa sobre a mesa de ferro verde oxidado, dizendo: "Se a senhora e o cavalheiro preferem tomar seu chá no jardim, se a senhora e o cavalheiro preferem tomar seu chá no jardim...". Decidi que se fosse possível deter o balanço de seus seios alguns cacos da tarde poderiam ser recolhidos, e concentrei minha atenção com cuidadosa sutileza para tal fim.

Conversation Galante

I observe: 'Our sentimental friend the moon!
Or possibly (fantastic, I confess)
It may be Prester John's balloon
Or an old battered lantern hung aloft
To light poor travellers to their distress.'
    She then: 'How you digress!'

And I then: 'Someone frames upon the keys
That exquisite nocturne, with which we explain
The night and moonshine; music which we seize
To body forth our own vacuity.'
    She then: 'Does this refer to me?'
    'Oh no, it is I who am inane.'

'You, madam, are the eternal humorist,
The eternal enemy of the absolute,
Giving our vagrant moods the slightest twist!
With your air indifferent and imperious
At a stroke our mad poetics to confute —'
    And — 'Are we then so serious?'

Conversation Galante

Observo: "Nossa amiga sentimental, a Lua!
Ou talvez (fantástico, eu confesso)
Balão lançado pelo Preste João
Ou lume velho que flutua,
Por sobre os viajantes, em sua aflição".
    "Como divaga!", ela diz então.

E eu: "Alguém formula sobre as teclas
noturno precioso, nossa explicação
De noite e lua; sons que são nossos asseclas
E que dão forma a nosso vácuo".
    "Isso é comigo?", ela diz então.
    "Ah não, sou eu o fátuo."

"Você, Madame, é a eterna comediante,
Diante do absoluto, eterna cética,
Torcendo um quase nada nosso humor errante,
Com seus duros e indiferentes critérios
Aniquilando nossa incôngrua poética —"
    E — "Mas nós somos assim tão sérios?"

La Figlia Che Piange

O quam te memorem virgo...

Stand on the highest pavement of the stair —
Lean on a garden urn —
Weave, weave the sunlight in your hair —
Clasp your flowers to you with a pained surprise —
Fling them to the ground and turn
With a fugitive resentment in your eyes:
But weave, weave the sunlight in your hair.

So I would have had him leave,
So I would have had her stand and grieve,
So he would have left
As the soul leaves the body torn and bruised,
As the mind deserts the body it has used.
I should find
Some way incomparably light and deft,
Some way we both should understand,
Simple and faithless as a smile and shake of the hand.

She turned away, but with the autumn weather
Compelled my imagination many days,
Many days and many hours:
Her hair over her arms and her arms full of flowers.
And I wonder how they should have been together!
I should have lost a gesture and a pose.
Sometimes these cogitations still amaze
The troubled midnight and the noon's repose.

La Figlia Che Piange

O quam te memorem virgo...

Pare na escada, no mais alto patamar —
Encoste numa urna do jardim —
Entreteça, teça o sol no seu cabelo —
Agarre suas flores com surpresa e um esgar —
Arremesse-as no chão e vire enfim
Com sombra de rancor no seu olhar:
Mas entreteça, teça o sol no seu cabelo.

E então eu o faria ir embora
E então deixaria só ela, que chora,
E então ele teria ido
Como a alma deixa o corpo, destroçado
Como a mente larga o corpo, já usado.
Eu acharia
Um jeito incomparavelmente leve, ressabido,
Um jeito que coubesse em nossa compreensão,
Simples e desleal como um sorriso, um aperto de mão.

Ela vira o rosto, mas com o clima outonal
Durante dias cativa minha imaginação,
Tantos dias, tantas horas:
Cabelo caído nos braços onde um ramalhete aflora.
E penso que deveriam ter sido um casal!
Seria um gesto e uma pose que eu perdia.
Às vezes tais ideias ainda encantarão
A dura meia-noite, a folga ao fim do dia.

Poems
(1920)

Poemas
(1920)

Gerontion

      Thou hast nor youth nor age
But as it were an after dinner sleep
Dreaming of both.

Here I am, an old man in a dry month,
Being read to by a boy, waiting for rain.
I was neither at the hot gates
Nor fought in the warm rain
Nor knee deep in the salt marsh, heaving a cutlass,
Bitten by flies, fought.
My house is a decayed house,
And the Jew squats on the window sill, the owner,
Spawned in some estaminet of Antwerp,
Blistered in Brussels, patched and peeled in London.
The goat coughs at night in the field overhead;
Rocks, moss, stonecrop, iron, merds.
The woman keeps the kitchen, makes tea,
Sneezes at evening, poking the peevish gutter.
                                  I an old man,
A dull head among windy spaces.

Signs are taken for wonders. 'We would see a sign!'
The word within a word, unable to speak a word,
Swaddled with darkness. In the juvescence of the year
Came Christ the tiger

Gerontion

> *Thou hast nor youth nor age*
> *But as it were an after dinner sleep*
> *Dreaming of both.*

Eis-me aqui, um velho num mês seco,
Um menino lê em voz alta, espero a chuva.
Nem estive nos portões quentes
Nem lutei na morna chuva
Nem atolado no salgado alagadiço, brandindo cutelo,
Mordido por moscas, lutei.
Minha casa é uma casa caduca,
E o judeu está agachado ao peitoril, proprietário,
Gestado num certo café de Antuérpia,
Em Bruxelas coberto de bolhas, em Londres, de talhos, retalhos.
A cabra tosse à noite no campo do céu;
Pedra, musgo, pão-de-pássaros, ferro, fezes.
A mulher guarda a cozinha, faz o chá,
Espirra para a tarde, cutucando a sarjeta rabugenta.
                               Eu, um velho,
Cabeça baça entre espaços expostos ao vento.

Sinais são tomados por prodígios. "Veríamos um sinal!"
O verbo dentro de um verbo, incapaz de verbalizar,
Envolto de escuro. Na juvescência do ano
Veio Cristo, o tigre

In depraved May, dogwood and chestnut, flowering judas,
To be eaten, to be divided, to be drunk
Among whispers; by Mr. Silvero
With caressing hands, at Limoges
Who walked all night in the next room;
By Hakagawa, bowing among the Titians;
By Madame de Tornquist, in the dark room
Shifting the candles; Fräulein von Kulp
Who turned in the hall, one hand on the door. Vacant shuttles
Weave the wind. I have no ghosts,
An old man in a draughty house
Under a windy knob.

After such knowledge, what forgiveness? Think now
History has many cunning passages, contrived corridors
And issues, deceives with whispering ambitions,
Guides us by vanities. Think now
She gives when our attention is distracted
And what she gives, gives with such supple confusions
That the giving famishes the craving. Gives too late
What's not believed in, or is still believed,
In memory only, reconsidered passion. Gives too soon
Into weak hands, what's thought can be dispensed with
Till the refusal propagates a fear. Think
Neither fear nor courage saves us. Unnatural vices
Are fathered by our heroism. Virtues
Are forced upon us by our impudent crimes.
These tears are shaken from the wrath-bearing tree.

No depravado maio, corniso e castanhas, árvore-de-judas em flor,
A ser comido, dividido, ser bebido
Entre sussurros; por sr. Silvero
Com mãos de carícias, em Limoges,
Que andava a noite toda na outra sala;
Por Hakagawa, cortês em meio aos Ticianos
Por Madame de Tornquist, no escuro da sala
Movendo as velas; Fräulein von Kulp
Que se volta no saguão, mão na porta. Vagas lançadeiras
Tecem o vento. Não tenho fantasmas,
Um velho numa casa só correntes de ar
Sob um castão ventoso.

Depois de tal saber, qual perdão? Pense agora
Que a história abunda em passagens ardilosas, corredores
                                            [engenhosos
E saídas, ilude em sussurantes ambições,
Nos guia por vaidades. Pense agora
Que ela dá quando nos vemos distraídos
E o que dá, dá com tão amplas confusões
Que dar mata de fome o desejo. Dá tarde demais
O em que não se crê mais, ou caso ainda,
Somente na memória, paixão repensada. Dá cedo demais
A mãos fracas, o que se pensa ser supérfluo
Até que recusar propaga um medo. Pense
Que medo nem coragem salvam. Perversos vícios
São cria de nosso heroísmo. Virtudes
Nos são impostas por nossos impudentes crimes.
Tais lágrimas colhem-se da árvore que dá fúria.

*The tiger springs in the new year. Us he devours. Think at last
We have not reached conclusion, when I
Stiffen in a rented house. Think at last
I have not made this show purposelessly
And it is not by any concitation
Of the backward devils.
I would meet you upon this honestly.
I that was near your heart was removed therefrom
To lose beauty in terror, terror in inquisition.
I have lost my passion: why should I need to keep it
Since what is kept must be adulterated?
I have lost my sight, smell, hearing, taste and touch:
How should I use them for your closer contact?*

*These with a thousand small deliberations
Protract the profit of their chilled delirium,
Excite the membrane, when the sense has cooled,
With pungent sauces, multiply variety
In a wilderness of mirrors. What will the spider do,
Suspend its operations, will the weevil
Delay? De Bailhache, Fresca, Mrs. Cammel, whirled
Beyond the circuit of the shuddering Bear
In fractured atoms. Gull against the wind, in the windy straits
Of Belle Isle, or running on the Horn,
White feathers in the snow, the Gulf claims,
And an old man driven by the Trades
To a sleepy corner.*

                                        *Tenants of the house,
Thoughts of a dry brain in a dry season.*

O tigre salta no ano novo. A nós devora. Pense por fim
Que não fomos conclusos, quando
Enrijeço numa casa alugada. Pense por fim
Que não fiz tal espetáculo sem fins
E que não é por qualquer concitação
Dos retrógados demônios.
Nisso eu aquiesceria com você de verdade.
Eu que estive perto do teu peito fui dali tirado
Para perder beleza no terror, terror na inquisição;
Perdi minha paixão: por que precisaria guardá-la
Se o que é guardado tem de ser adulterado?
Perdi a visão, olfato, ouvido, gosto e tato:
E como usá-los para estar mais próximo?

Essas, com mais mil pequenas deliberações
Alongam o lucro de seu gélido delírio,
Excitam a membrana, esfriado o sentido,
Com molhos pungentes, multiplicam a variedade
Num deserto de espelhos. O que fará a aranha?
Cessar suas ações, querer que o caruncho
Adie? De Bailhache, Fresca, sra. Cammel, giraram
Para além do circuito da trêmula Ursa
Em fraturados átomos. Gaivota contra o vento, no vento
                                               [do estreito
De Belle Isle, ou correndo no Horn.
Brancas plumas na neve, o Golfo requer,
E um velho levado por Alísios
Rumo a um canto sonolento.

                      Inquilinos da casa,
Ideias de um cérebro seco num tempo de seca.

Burbank with a Baedeker: Bleistein with a Cigar

Tra-la-la-la-la-la-laire — nil nisi divinum stabile est;
caetera fumus — the gondola stopped, the old palace
was there, how charming its grey and pink — goats and
monkeys, with such hair too! — so the countess
passed on until she came through the little park, where
Niobe presented her with a cabinet, and so departed.

Burbank crossed a little bridge
    Descending at a small hotel;
Princess Volupine arrived,
    They were together, and he fell.

Defunctive music under sea
    Passed seaward with the passing bell
Slowly: the God Hercules
    Had left him, that had loved him well.

The horses, under the axletree
    Beat up the dawn from Istria
With even feet. Her shuttered barge
    Burned on the water all the day.

But this or such was Bleistein's way:
    A saggy bending of the knees
And elbows, with the palms turned out,
    Chicago Semite Viennese.

Burbank com um Baedeker: Bleistein com um charuto

Tra-la-la-la-la-laire — nil nisi divinum stabile est; caetera fumus — a gôndola parou, o velho palácio estava ali, que beleza seus cinzas e rosas — bodes e macacos, e com tanto cabelo! — então a condessa seguiu adiante até passar pelo pequeno parque, onde Níobe lhe mostrou um armário, e então se foi.

Burbank cruzou uma pequena ponte
   E foi para um hotel esguio;
Princesa Volupina então chegou,
   Ficaram juntos, logo ele caiu.

Embaixo d'água música funérea
   Seguia ao mar o sino que seguiu
Lento: o Héracles divino
   Largara aquele que o amou com brio.

Cavalos, sob o eixo, repisavam
   A aurora provinda da Ístria,
Patas firmes. A barca que era dela
   Ardeu na água o dia todo.

Mas era assim, ou quase, Bleistein:
   Ajoelhado por lumbago,
Palmas da mão reviradas
   Viena semita em Chicago.

A lustreless protrusive eye
  Stares from the protozoic slime
At a perspective of Canaletto.
  The smoky candle end of time

Declines. On the Rialto once.
  The rats are underneath the piles.
The Jew is underneath the lot.
  Money in furs. The boatman smiles,

Princess Volupine extends
  A meagre, blue-nailed, phthisic hand
To climb the waterstair. Lights, lights,
  She entertains Sir Ferdinand

Klein. Who clipped the lion's wings
  And flea'd his rump and pared his claws?
Thought Burbank, meditating on
  Time's ruins, and the seven laws.

Um olho baço projetado
    Encara, do lodo primal,
Uma perspectiva do Canaletto.
    A vela, fumaça final

Declina. Rialto, um dia.
    Os ratos por baixo da via.
O judeu por debaixo da terra.
    Dinheiro de vison. O barqueiro sorria,

Princesa Volupina estende
    Mão tísica, seca, de unhas azuis
Saindo das águas. Luz, luz,
    Ela entretém sir Ferdinand

Klein. Quem cortou as asas do leão
    Pulgou e desgarrou de vez?
Pensou Burbank, meditando sobre
    As ruínas do tempo e as sete leis.

Sweeney Erect

And the trees about me,
Let them be dry and leafless; let the rocks
Groan with continual surges; and behind me,
Make all a desolation. Look, look, wenches!

Paint me a cavernous waste shore
    Cast in the unstilled Cyclades,
Paint me the bold anfractuous rocks
    Faced by the snarled and yelping seas.

Display me Aeolus above
    Reviewing the insurgent gales
Which tangle Ariadne's hair
    And swell with haste the perjured sails.

Morning stirs the feet and hands
    (Nausicaa and Polypheme).
Gesture of orang-outang
    Rises from the sheets in steam.

This withered root of knots of hair
    Slitted below and gashed with eyes,
This oval O cropped out with teeth:
    The sickle motion from the thighs

Sweeney ereto

E as árvores em torno a mim,
Que sejam secas, nuas, e que as pedras
Suspirem sem parar, e atrás de mim
Desolação e só. Olhai, meninas!

Nas intranquilizadas Cíclades
    Pinte uma praia cavernosa,
Vista do mar rosnado, uivante
    Pinte uma rocha anfractuosa.

Exiba Éolo lá no alto
    Compulsando os ventos hostis
Que enodam cachos de Ariadne
    Soprando pressa em velas vis.

Aurora agita pés e mãos
    (Nausícaa e tal Ciclope)
Gesto de um orangotango
    Como vapor do leito sobe.

Murcha raiz de pelos hirtos
    Olhos talhados, funda fenda
Oval seu O de dentes postos:
    A coxa como foice horrenda

Jackknifes upward at the knees
    Then straightens out from heel to hip
Pushing the framework of the bed
    And clawing at the pillow slip.

Sweeney addressed full length to shave
    Broadbottomed, pink from nape to base,
Knows the female temperament
    And wipes the suds around his face.

(The lengthened shadow of a man
    Is history, said Emerson
Who had not seen the silhouette
    Of Sweeney straddled in the sun.)

Tests the razor on his leg
    Waiting until the shriek subsides.
The epileptic on the bed
    Curves backward, clutching at her sides.

The ladies of the corridor
    Find themselves involved, disgraced,
Call witness to their principles
    And deprecate the lack of taste

Observing that hysteria
    Might easily be misunderstood;
Mrs. Turner intimates
    It does the house no sort of good.

Dispara ao alto seu joelho
    Depois estica o corpo inteiro
Forçando a estrutura da cama
    Unhando fronha e travesseiro.

Sweeney, espelho, faz a barba
    Bunda larga, todo rosado,
Conhece humores femininos
    E limpa o rosto ensaboado.

(Emerson dizia que a história
    É longa sombra de um alguém,
Ele não viu a silhueta
    De Sweeney exposto ao sol também.)

E testa a navalha na perna:
    Enquanto espera o fim do grito.
A epilética na cama
    Se arqueia e arranha o corpo aflito.

As damas lá no corredor
    Lamentam ver-se em tal desgosto,
Evocam seus princípios todos,
    Deploram a falta de gosto.

E comentando que a histeria
    Pode ser mal entendida;
Madame Turner diz temer
    Alguma fama imerecida.

But Doris, towelled from the bath,
  Enters padding on broad feet,
Bringing sal volatile
  And a glass of brandy neat.

Mas Doris, envolta na toalha,
    Descalça, pé largo, seguro,
Vem com sais aromáticos
    E um copo de conhaque puro.

A Cooking Egg

En l'an trentiesme do mon aage
Que toutes mes hontes j'ay beues...

Pipit sate upright in her chair
    Some distance from where I was sitting;
Views of the Oxford Colleges
    Lay on the table, with the knitting.

Daguerreotypes and silhouettes,
    Her grandfather and great great aunts,
Supported on the mantelpiece
    An Invitation to the Dance.

. . . . .

I shall not want Honour in Heaven
    For I shall meet Sir Philip Sidney
And have talk with Coriolanus
    And other heroes of that kidney.

I shall not want Capital in Heaven
    For I shall meet Sir Alfred Mond.
We two shall lie together, lapt
    In a five per cent. Exchequer Bond.

I shall not want Society in Heaven,
    Lucretia Borgia shall be my Bride;

Um ovo para cozinhar

En l'an trentiesme de mon aage
Que toutes mes hontes j'ay beues...

Pipit erecta na cadeira
   A certa distância da minha;
Paisagens da Oxford de outrora
   Na mesa, com agulha e linha.

Silhuetas, daguerreótipos,
   Avô e tias-bisavós,
E sobre a pedra da lareira
   Ficavam fólios de rondós.

. . . . .

No céu não vai faltar-me Honra:
   Sir Philip Sidney terá vez,
Converso com Coriolano
   E outros heróis de tal jaez.

No Céu não vai faltar-me o Capital:
   Sir Alfred Mond encontrarei.
Com ele jazerei num lucrativo
   Título de nosso rei.

No Céu não vai faltar-me Companhia,
   Lucrécia Bórgia é meu amor;

Her anecdotes will be more amusing
    Than Pipit's experience could provide.

I shall not want Pipit in Heaven:
    Madame Blavatsky will instruct me
In the Seven Sacred Trances;
    Piccarda de Donati will conduct me.

. . . . .

But where is the penny world I bought
    To eat with Pipit behind the screen?
The red-eyed scavengers are creeping
    From Kentish Town and Golder's Green;

Where are the eagles and the trumpets?

    Buried beneath some snow-deep Alps.
Over buttered scones and crumpets
    Weeping, weeping multitudes
Droop in a hundred A.B.C.'s.

Dizendo coisas mais sagazes
    Do que Pipit vai supor.

No Céu não vai faltar-me Pipit:
    Blavatsky há de me instruir
Nos Sete Transes Consagrados;
    Piccarda de Donati vai me conduzir.

. . . . .

Mas onde o mundo de um tostão
    Para comer com ela atrás da tela?
Os olhos rubros dos abutres
    Espreitam lá da rua, da viela;

Onde as águias e clarins?

    Embaixo da neve dos Alpes.
Sobre bolinhos e pudins
    Os bandos que choram e choram
Afundam em centenas de cafés.

Le Directeur

Malheur à la malheureuse Tamise
Qui coule si près du Spectateur.
Le directeur
Conservateur
Du Spectateur
Empeste la brise.
Les actionnaires
Réactionnaires
Du Spectateur
Conservateur
Bras dessus bras dessous
Font des tours
A pas de loup.
Dans un égout
Une petite fille
En guenilles
Camarde
Regarde
Le directeur
Du Spectateur
Conservateur
Et crève d'amour.

Le Directeur

O Tâmisa, azarado, e seu azar:
Correr ao lado desse Espectador.
O diretor
Conservador
Do Espectador
Conspurca o ar.
Os partidários
Reacionários
Do Espectador
Conservador
De braço dado
Têm andado
Num passo maroto.
No esgoto
Uma garota
Toda rota
Cara chata
Acata
O diretor
Do Espectador
Conservador:
Morre de amor.

Mélange Adultère de Tout

En Amérique, professeur;
En Angleterre, journaliste;
C'est à grands pas et en sueur
Que vous suivrez à peine ma piste.
En Yorkshire, conférencier;
À Londres, un peu banquier,
Vous me paierez bein la tête.
C'est à Paris que je me coiffe
Casque noir de jemenfoutiste.
En Allemagne, philosophe
Surexcité par Emporheben
Au grand air de Bergsteigleben;
J'erre toujours de-ci de-là
A divers coups de tra là là
De Damas jusqu'à Omaha.
Je célébrai mon jour de fête
Dans une oasis d'Afrique
Vêtu d'une peau de girafe.

On montrera mon cénotaphe
Aux côtes brûlantes de Mozambique.

Mélange Adultère de Tout

Na América, sou professor;
E na Inglaterra, jornalista;
Não será fácil, meu senhor,
Tentar seguir a minha pista.
Em Yorkshire eu sou palestrante;
Em Londres, banqueiro o bastante,
Minha cabeça custa caro.
Meu penteado é de Paris,
Topete de *jemenfoutiste*.
Na Alemanha, eu filosofo
Empolgado com *Emporheben*
Sob o céu de Bergsteigleben;
Vou sempre daqui para lá
E repetindo tralalá
De Damasco até Omaha.
Comemorei meu feriado
Em um oásis lá *d'Afrique*
Trajando pele de girafa.

Exibirão meu cenotáfio
Nas praias cálidas de Moçambique.

Lune de Miel

Ils ont vu les Pays-Bas, ils rentrent à Terre Haute;
Mais une nuit d'été, les voici à Ravenne,
A l'aise entre deux draps, chez deux centaines de punaises;
La sueur aestivale, et une forte odeur de chienne.
Ils restent sur le dos écartent les genoux
De quatre jambes molles tout gonflées de morsures.
On relève le drap pour mieux égratigner.
Moins d'une lieue d'ici est Saint Apollinaire
En Classe, basilique connue des amateurs
De chapitaux d'acanthe que tournoie le vent.

Ils vont prendre le train de huit heures
Prolonger leurs misères de Padoue à Milan
Où se trouvent la Cène, et un restaurant pas cher.
Lui pense aux pourboires, et rédige son bilan.
Ils auront vu la Suisse et traversé la France.
Et Saint Apollinaire, raide et ascétique,
Vieille usine désaffectée de Dieu, tient encore
Dans ses pierres écroulantes la forme précise de Byzance.

Lune de Miel

Viram os Países-Baixos, voltam em Terre Haute;
Mais uma noite, e chegam a Ravena bela,
Lassos entre lençóis, com seus duzentos percevejos;
O suor estival e um forte odor de cadela.
Descansam de costas, joelhos abertos,
As quatro pernas moles bem inchadas de picadas.
Ergue-se o lençol para coçar melhor.
A menos de uma légua, Saint Apollinaire
En Classe, basílica famosa entre os que adoram
Capitéis de acanto que o vento torneia.

Vão pegar o trem das oito horas
Prolongar suas dores de Pádua a Milão,
Onde fica a Ceia e um restaurante nada caro.
Ele pensa nas gorjetas, mede o quanto gastarão.
Terão visto a Suíça e cruzado toda a França.
E Saint Apollinaire, rígida e ascética,
Velha fábrica por Deus abandonada, guarda ainda
Em suas pedras arruinadas a forma exata de Bizâncio.

The Hippopotamus

And when this epistle is read among you, cause that
it be read also in the church of the Laodiceans.

The broad-backed hippopotamus
Rests on his belly in the mud;
Although he seems so firm to us
He is merely flesh and blood.

Flesh and blood is weak and frail,
Susceptible to nervous shock;
While the True Church can never fail
For it is based upon a rock.

The hippo's feeble steps may err
In compassing material ends,
While the True Church need never stir
To gather in its dividends.

The 'potamus can never reach
The mango on the mango-tree;
But fruits of pomegranate and peach
Refresh the Church from over sea.

At mating time the hippo's voice
Betrays inflexions hoarse and odd,
But every week we hear rejoice
The Church, at being one with God.

O Hipopótamo

E, quando esta epístola tiver sido lida entre vós, fazei que também o seja na igreja dos laodicenses.

O vulto largo do Hipopótamo
Repousa no seu quase-mangue;
Se rijas patas tem, que portam-no,
Ainda é mera carne e sangue.

E carne e sangue são fraqueza,
São presa até de nervosismo;
Já a Vera Igreja é só certeza:
É rocha firme sobre o abismo.

O pé potâmico há de errar,
Seus fins concretos percorrendo,
Já à Santa Igreja basta estar
Colhendo aqui seus dividendos.

Popoto nunca põe a mão
Na manga oculta na mangueira;
Mas pêssego, romã e mamão,
À Igreja vem da terra inteira.

Dom Hipo, no acasalamento,
Trai tons rascantes, maus, plebeus;
A Igreja, em seu contentamento,
Decanta o conúbio com Deus.

*The hippopotamus's day
Is passed in sleep; at night he hunts;
God works in a mysterious way —
The Church can sleep and feed at once.*

*I saw the 'potamus take wing
Ascending from the damp savannas,
And quiring angels round him sing
The praise of God, in loud hosannas.*

*Blood of the Lamb shall wash him clean
And him shall heavenly arms enfold,
Among the saints he shall be seen
Performing on a harp of gold.*

*He shall be washed as white as snow,
By all the martyr'd virgins kist,
While the True Church remains below
Wrapt in the old miasmal mist.*

Popoto passa o dia, é certo,
Dormindo; à noite mata a fome;
Mas Deus escreve sempre certo —
A Igreja dorme enquanto come.

Eu vi o Hipo decolar
Das mais que úmidas savanas,
E em torno arcanjos vi cantar
Amém a Deus, em seus Hosanas.

O sangue do Cordeiro irá
Levá-lo ao Céu, sua morada,
E entre os santos ficará
Tocando uma harpa dourada.

Será lavado, branco e puro,
Por virgens mártires beijado,
Já à Santa Igreja, resta o escuro,
Brumoso miasma cerrado.

Dans le Restaurant

Le garçon délabré qui n'a rien à faire
Que de se gratter les doigts et se pencher sur mon épaule:
  'Dans mon pays il fera temps pluvieux,
  Du vent, du grand soleil, et de la pluie;
  C'est ce qu'on appelle le jour de lessive des gueux.'
(Bavard, baveux, à la croupe arrondie,
Je te prie, au moins, ne bave pas dans la soupe).
  'Les saules trempés, et des bourgeons sur les ronces —
  C'est là, dans une averse, qu'on s'abrite.
J'avais sept ans, elle était plus petite.
  Elle était toute mouillée, je lui ai donné des primevères.'
Les taches de son gilet montent au chiffre de trente-huit.
  'Je la chatouillais, pour la faire rire.
  J'éprouvais un instant de puissance et de délire.'

  Mais alors, vieux lubrique, à cet âge...
'Monsieur, le fait est dur.
  Il est venu, nous peloter, un gros chien;
  Moi j'avais peur, je l'ai quittée à mi-chemin.
  C'est dommage.'
    Mais alors, tu as ton vautour!
Va t'en te décrotter les rides du visage;
Tiens, ma fourchette, décrasse-toi le crâne.
De quel droit payes-tu des expériences comme moi?
Tiens, voilà dix sous, pour la salle-de-bains.

Phlébas, le Phénicien, pendant quinze jours noyé,
Oubliait les cris des mouettes et la houle de Cornouaille,
Et les profits et les pertes, et la cargaison d'étain:

Dans le Restaurant

Decrépito, o garçom, sem mais o que fazer
Além de coçar os dedos e olhar sobre meu ombro:
    "Lá em casa o tempo deve estar instável,
    Com vento, com sol quente, chuva e tudo;
    Ou seja, lave roupa, miserável."
(Falastrão e babão, ele é bem cadeirudo,
Por favor, pelo menos não babe na sopa.)
    "Salgueiros molhados e botões nos arbustos —
    É lá que você fica quando chove.
Eu tinha sete, ela era mais nova.
    Estava encharcada, eu lhe dei primaveras."
As manchas no colete chegam quase a trinta e nove.
    "Fiz cócegas, quis vê-la gargalhando.
    Me vi por um momento poderoso, delirando."

    Mas nessa idade, quanto assanhamento…
"Cavalheiro, a história é dura.
    Pois veio então nos cutucar um cachorrão;
    Fiquei amedrontado; eu a deixei na mão.
    Lamento."
    Mas então, você tem seu abutre!
Vá lavar essas rugas do rosto;
Tome o meu garfo e raspe toda essa caveira.
Com que direito você compra a vida como eu?
Tome um tostão para pagar o banho.

Flebas, fenício, com quinze dias de afogado,
Esqueceu a voz das gaivotas e o mar da Cornualha,
E perdas e ganhos, e a carga de estanho:

Un courant de sous-mer l'emporta très loin,
Le repassant aux étapes de sa vie antérieure.
Figurez-vous donc, c'etait un sort pénible;
Cependant, ce fut jadis un bel homme, de haute taille.

A corrente o levou a lonjuras,
Passando por fases da vida passada.
Pois veja só, que destino mais triste;
Porém foi um dia um belo homem, de grande estatura.

Whispers of Immortality

Webster was much possessed by death
And saw the skull beneath the skin;
And breastless creatures under ground
Leaned backward with a lipless grin.

Daffodil bulbs instead of balls
Stared from the sockets of the eyes!
He knew that thought clings round dead limbs
Tightening its lusts and luxuries.

Donne, I suppose, was such another
Who found no substitute for sense,
To seize and clutch and penetrate;
Expert beyond experience,

He knew the anguish of the marrow
The ague of the skeleton;
No contact possible to flesh
Allayed the fever of the bone.

. . . . .

Grishkin is nice: her Russian eye
Is underlined for emphasis;
Uncorseted, her friendly bust
Gives promise of pneumatic bliss.

The couched Brazilian jaguar
Compels the scampering marmoset

Sussurros de imortalidade

Webster vivia com a morte,
Lia a caveira sob o rosto;
E bichos cavos sob o chão
Sorriam com seu dente exposto.

Bulbos de flores e não olhos
Iam nos globos oculares!
Via a ideia, que em membros mortos,
Aguça gozos e prazeres.

Donne, suponho, era mais um
Que não sabia outra ciência
Além de ter e penetrar;
Expert além da experiência.

Sabia a angústia da medula
O sofrimento da estrutura;
Contato algum de carne e carne
Continha a febre da ossatura.

. . . . .

Gosto de Grishkin: olho russo
Sublinhado para dar ênfase;
Sem corpete, seu busto amigo
Promete pneumáticos êxtases.

À espreita, a onça brasileira,
Compele o lépido sagui

With subtle effluence of cat;
Grishkin has a maisonnette;

The sleek Brazilian jaguar
Does not in its arboreal gloom
Distil so rank a feline smell
As Grishkin in a drawing-room.

And even the Abstract Entities
Circumambulate her charm;
But our lot crawls between dry ribs
To keep our metaphysics warm.

Com leves eflúvios felinos;
Já Grishkin tem casa em Paris;

Lustrosa, a onça brasileira,
Nos ramos, não vai destilar
Mais fétido, felino, aroma
Que Grishkin na sala de estar.

Até Abstratas Entidades
Só entreouvem sua música;
Nós lá, entre costelas secas,
Acalentando a metafísica.

Mr. Eliot's Sunday Morning Service

Look, look, master, here comes two religious caterpillars.

THE JEW OF MALTA

Polyphiloprogenitive
The sapient sutlers of the Lord
Drift across the window-panes.
In the beginning was the Word.

In the beginning was the Word.
Superfetation of τὸ ἕν,
And at the mensual turn of time
Produced enervate Origen.

A painter of the Umbrian school
Designed upon a gesso ground
The nimbus of the Baptized God.
The wilderness is cracked and browned

But through the water pale and thin
Still shine the unoffending feet
And there above the painter set
The Father and the Paraclete.

. . . . .

O serviço religioso das manhãs dominicais do sr. Eliot

Olhe, olhe, mestre, lá vêm duas lagartas religiosas.

O JUDEU DE MALTA

Polifiloprogenitivos
Vivandeiros de Deus, em sua lavra
Flutuam do outro lado da janela.
No princípio era a Palavra.

No princípio era a Palavra,
τὸ ἕν superfetado desde as origens
Que na passagem mensual do tempo
Produz debilitado Orígenes.

Um artista da escola úmbria
Num fundo de gesso compõe
O nimbo que era Deus em seu Batismo.
O deserto é seco e marrom

Mas sob a água clara e rasa
Ainda brilha o puro pé correto
E lá no alto o mestre desenhou
O Pai junto do Paracleto.

. . . . .

The sable presbyters approach
The avenue of penitence;
The young are red and pustular
Clutching piaculative pence.

Under the penitential gates
Sustained by staring Seraphim
Where the souls of the devout
Burn invisible and dim.

Along the garden-wall the bees
With hairy bellies pass between
The staminate and pistillate,
Blest office of the epicene.

Sweeney shifts from ham to ham
Stirring the water in his bath.
The masters of the subtle schools
Are controversial, polymath.

Presbíteros da areia vêm
Para a avenida que é de contrição;
Os jovens, rubicundos, pustulentos
Piacular moeda têm na mão.

Pelos portões da penitência
Alçados por Serafins inflexíveis
Lá onde as almas dos devotos
Ardem turvas e invisíveis.

E no jardim abelhas
Peludas voam por sobre o terreno
Por entre estaminadas, pistiláceas,
O santo ofício do epiceno.

Sweeney mexe a bunda no banho
O nível d'água já não resta estático.
Os mestres das escolas mais sutis
São controversos, polimáticos.

Sweeney Among the Nightingales

ὤιμοι, πέπληγμαι καιρίαν πληγὴν ἔσω

Apeneck Sweeney spread his knees
Letting his arms hang down to laugh,
The zebra stripes along his jaw
Swelling to maculate giraffe.

The circles of the stormy moon
Slide westward toward the River Plate,
Death and the Raven drift above
And Sweeney guards the hornèd gate.

Gloomy Orion and the Dog
Are veiled; and hushed the shrunken seas;
The person in the Spanish cape
Tries to sit on Sweeney's knees

Slips and pulls the table cloth
Overturns a coffee-cup,
Reorganised upon the floor
She yawns and draws a stocking up;

The silent man in mocha brown
Sprawls at the window-sill and gapes;
The waiter brings in oranges
Bananas figs and hothouse grapes;

Sweeney entre os rouxinóis

ὤμοι, πέπληγμαι καιρίαν πληγὴν ἔσω

Primato, Sweeney afasta as pernas
Soltando os braços na risada,
As listras de zebra no queixo
Viram girafa maculada.

Os aros da lua, tempestas,
Ao Rio da Prata vão rumar,
No alto vagam Morte e Corvo
E Sweeney guarda o limiar.

Velados, Órion triste e o Cão,
Por que silente o mar decline;
Quem traja a capa espanholada
Quer sentar no colo de Sweeney

Arranca a toalha da mesa
Quebra a xícara na quina,
Reorganizada no chão
Boceja e puxa a meia fina.

O homem quieto, de marrom
Se estende na soleira e bufa;
O garçom entra com laranjas
Bananas e uvas da estufa;

*The silent vertebrate in brown
Contracts and concentrates, withdraws;
Rachel née Rabinovitch
Tears at the grapes with murderous paws;*

*She and the lady in the cape
Are suspect, thought to be in league;
Therefore the man with heavy eyes
Declines the gambit, shows fatigue,*

*Leaves the room and reappears
Outside the window, leaning in,
Branches of wistaria
Circumscribe a golden grin;*

*The host with someone indistinct
Converses at the door apart,
The nightingales are singing near
The Convent of the Sacred Heart,*

*And sang within the bloody wood
When Agamemnon cried aloud,
And let their liquid siftings fall
To stain the stiff dishonoured shroud.*

O vertebrado de marrom
Se encolhe e concentra, se afasta
Rachel, *née* Rabinovitch,
Destrói as uvas com as patas;

Ela e a senhora da capa,
Um par suspeito, que quer briga;
Portanto ele, olhos pesados,
Recusa o sacrifício, por fadiga,

Sai da sala para, à janela,
Então surgir sem dar aviso,
Com ramos de glicínia
Circunscrevendo áureo sorriso;

A anfitriã e mais alguém
Conversam juntos, num desvão;
Os rouxinóis que cantam perto
Do Sagrado Coração

Cantaram no bosque sangrento
Quando Agamêmnon deu seu brado,
Soltaram sua coa aquosa
Sobre o sudário desonrado.

The Waste Land
(1922)

*Nam Sibylla quidem Cumis ego ipse oculis meis vidi
in ampulla pendere, et cum illi pueri dicerent:
Σίβυλλα τί θέλεις; respondebat illa: ἀποθανεῖν θέλω.*

For Ezra Pound
il miglior fabbro.

A terra devastada
(1922)

*Nam Sibylla quidem Cumis ego ipse oculis meis vidi
in ampulla pendere, et cum illi pueri dicerent:
Σίβυλλα τί θέλεις; respondebat illa: ἀποθανεῖν θέλω.*

Para Ezra Pound
il miglior fabbro.

I. *The Burial of the Dead*

April is the cruellest month, breeding
Lilacs out of the dead land, mixing
Memory and desire, stirring
Dull roots with spring rain.
Winter kept us warm, covering
Earth in forgetful snow, feeding
A little life with dried tubers.
Summer surprised us, coming over the Starnbergersee
With a shower of rain; we stopped in the colonnade,
And went on in sunlight, into the Hofgarten,
And drank coffee, and talked for an hour.
Bin gar keine Russin, stamm' aus Litauen, echt deutsch.
And when we were children, staying at the archduke's,
My cousin's, he took me out on a sled,
And I was frightened. He said, Marie,
Marie, hold on tight. And down we went.
In the mountains, there you feel free.
I read, much of the night, and go south in the winter.

What are the roots that clutch, what branches grow
Out of this stony rubbish? Son of man,
You cannot say, or guess, for you know only
A heap of broken images, where the sun beats,
And the dead tree gives no shelter, the cricket no relief,
And the dry stone no sound of water. Only
There is shadow under this red rock,
(Come in under the shadow of this red rock),
And I will show you something different from either

1. O enterro dos mortos

Abril é o mais cruel dos meses, criando
Lilases na terra morta, mesclando
Memória e desejo, atiçando
Raízes tardas com chuvas de primavera.
O inverno nos agasalhou, cobrindo
A terra de neve esquecida, nutrindo
Pouca vida com tubérculos secos.
O verão nos aturdiu, chegando pelo Starnbergersee
Com rajadas de chuva; paramos na colunata,
E seguimos sob a luz do sol, ao Hofgarten,
E bebemos café e conversamos uma hora.
Bin gar keine Russin, stamm' aus Litauen, echt deutsch.
E na nossa infância, lá na casa do arquiduque,
Meu primo, ele me pôs num trenó,
E eu fiquei com medo. Ele disse, Marie,
Marie, segure firme. E morro abaixo.
Nas montanhas, é lá que você sente a liberdade.
Eu leio, quase a noite toda, e no inverno vou para o sul.

Quais são as raízes que prendem, que ramos se estendem
Desse entulho de pedras? Filho do homem,
Não podes dizer, suspeitar, já que conheces só
Uma pilha de imagens partidas, em que bate o sol,
E o tronco morto não te abriga, o grilo não mitiga,
E a pedra seca não ressoa a água. Só
Que há sombra sob esta pedra rubra,
(Vem ficar sob a sombra desta pedra rubra),
E vou te mostrar coisa diversa tanto

Your shadow at morning striding behind you
Or your shadow at evening rising to meet you;
I will show you fear in a handful of dust.
   Frisch weht der Wind
   Der Heimat zu
   Mein Irisch Kind,
   Wo weilest du?
'You gave me hyacinths first a year ago;
'They called me the hyacinth girl.'
—Yet when we came back, late, from the hyacinth garden,
Your arms full, and your hair wet, I could not
Speak, and my eyes failed, I was neither
Living nor dead, and I knew nothing,
Looking into the heart of light, the silence.
Oed' und leer das Meer.

Madame Sosostris, famous clairvoyante,
Had a bad cold, nevertheless
Is known to be the wisest woman in Europe,
With a wicked pack of cards. Here, said she,
Is your card, the drowned Phoenician Sailor,
(Those are pearls that were his eyes. Look!)
Here is Belladonna, the Lady of the Rocks,
The lady of situations.
Here is the man with three staves, and here the Wheel,
And here is the one-eyed merchant, and this card,
Which is blank, is something he carries on his back,
Which I am forbidden to see. I do not find
The Hanged Man. Fear death by water.
I see crowds of people, walking round in a ring.
Thank you. If you see dear Mrs. Equitone,

Da tua sombra de manhã que segue atrás de ti
Quanto da tua sombra à tarde que se ergue para ti;
Vou te mostrar o pavor num punhado de pó.
    Frisch weht der Wind
    Der Heimat zu,
    Mein Irisch Kind,
    Wo weilest du?
"Você me deu jacintos primeiro há um ano;
"Eles me chamavam de moça dos jacintos."
— Mas quando retornamos, tarde, do canteiro de jacintos,
Teus braços cheios, cabelo molhado, eu não pude
Falar, e meus olhos falharam, eu não
Vivia nem morria, e conhecia nada,
Olhando o coração da luz, silêncio.
Oed' und Leer das Meer.

Madame Sosostris, clarividente de fama,
Tinha um forte resfriado, e mesmo assim
É conhecida como a mais sábia da Europa,
Com um baralho perverso. Eis, disse ela,
A sua carta, o Marujo Fenício afogado,
(São pérolas o que seus olhos foram. Veja!)
Eis Belladona, Senhora dos Rochedos,
Senhora das situações.
Eis o homem dos três cajados, e eis a Roda,
E eis o mercador caolho, e esta carta
Em branco é algo que leva nas costas,
Que não me permitem ver. Não encontro
O Enforcado. Tema a morte na água.
Vejo grandes multidões, andando à roda à toa.
Obrigada. Se vir a cara senhora Equitone,

Tell her I bring the horoscope myself:
One must be so careful these days.

Unreal City,
Under the brown fog of a winter dawn,
A crowd flowed over London Bridge, so many,
I had not thought death had undone so many.
Sighs, short and infrequent, were exhaled,
And each man fixed his eyes before his feet.
Flowed up the hill and down King William Street,
To where Saint Mary Woolnoth kept the hours
With a dead sound on the final stroke of nine.
There I saw one I knew, and stopped him, crying: 'Stetson!
'You who were with me in the ships at Mylae!
'That corpse you planted last year in your garden,
'Has it begun to sprout? Will it bloom this year?
'Or has the sudden frost disturbed its bed?
'Oh keep the Dog far hence, that's friend to men,
'Or with his nails he'll dig it up again!
'You! hypocrite lecteur! — mon semblable, — mon frère!'

Diga que eu levo o horóscopo em pessoa:
Hoje em dia todo cuidado é pouco.

Cidade Irreal,
Sob a névoa marrom de uma aurora de inverno,
Multidões afluíram à ponte de Londres, tantos,
Não sabia que a morte desfizera tantos.
Suspiros, curtos e infrequentes, eram soltos,
E cada qual fitava à frente dos seus pés.
Fluíram morro acima e pela King William Street,
Onde Santa Maria Woolnoth dava as horas
Com um tom morto no toque final das nove.
Lá vi um que conhecia, e o detive, gritando: "Stetson!
"Tu que estiveste comigo nas naus em Milas!
"Aquele corpo que plantaste em teu jardim ano passado,
"Já está brotando? Floresce ainda este ano?
"Ou perturbou-lhe a terra o frio inesperado?
"Ah, deixa longe o cão, que é irmão de toda gente,
"Ou ele desenterra tudo novamente!
"Você! *hypocrite lecteur!* — *mon semblable,* — *mon frère!*"

II. *A Game of Chess*

The Chair she sat in, like a burnished throne,
Glowed on the marble, where the glass
Held up by standards wrought with fruited vines
From which a golden Cupidon peeped out
(Another hid his eyes behind his wing)
Doubled the flames of sevenbranched candelabra
Reflecting light upon the table as
The glitter of her jewels rose to meet it,
From satin cases poured in rich profusion;
In vials of ivory and coloured glass
Unstoppered, lurked her strange synthetic perfumes,
Unguent, powdered, or liquid — troubled, confused
And drowned the sense in odours; stirred by the air
That freshened from the window, these ascended
In fattening the prolonged candle-flames,
Flung their smoke into the laquearia,
Stirring the pattern on the coffered ceiling.
Huge sea-wood fed with copper
Burned green and orange, framed by the coloured stone,
In which sad light a carvèd dolphin swam.
Above the antique mantel was displayed
As though a window gave upon the sylvan scene
The change of Philomel, by the barbarous king
So rudely forced; yet there the nightingale
Filled all the desert with inviolable voice
And still she cried, and still the world pursues,
'Jug Jug' to dirty ears.
And other withered stumps of time

ii. Uma partida de xadrez

O assento em que ela estava, como trono esplêndido,
Brilhava sobre o mármore, onde o espelho
Sustido por pendões talhados com videiras férteis
Das quais fitava um áureo Cupido
(Um outro atrás da asa os olhos ocultava)
Dobrava castiçais de sete braços
Lançando luz na mesa enquanto
O resplendor das joias dela vinha a ele,
De estojos de cetim jorrando em rica profusão.
Em frascos ebúrneos e vidros de cores,
Sem tampa, espreitavam estranhos perfumes sintéticos,
Untos, pós ou líquidos — turbavam, confundiam
E afogavam nos aromas os sentidos; atiçados pelo ar
Que da janela vinha fresco, eles se alçavam
Ao engordar as alongadas chamas dos pavios,
Lançavam a fumaça contra a laqueária,
Atiçando os padrões da madeira do teto.
Lenho imenso marinho, nutrido de cobre
Queimado em laranja e verde, cercado de pedra de cores,
Em cuja triste luz nadava cinzelado um boto.
Acima da lareira antiga se mostrava,
Como janela aberta para a cena silvana,
Filomela mudada, pelo bárbaro rei
Rudemente forçada; mas lá o rouxinol
Preenchia o deserto com inviolável voz
E ainda ela gritava, com ainda o mundo atrás,
"Chut chut" para ouvidos sujos.
Mais outros tocos sem vigor do tempo

Were told upon the walls; staring forms
Leaned out, leaning, hushing the room enclosed.
Footsteps shuffled on the stair.
Under the firelight, under the brush, her hair
Spread out in fiery points
Glowed into words, then would be savagely still.

'My nerves are bad tonight. Yes, bad. Stay with me.
Speak to me. Why do you never speak? Speak.
   What are you thinking of? What thinking? What?
I never know what you are thinking. Think.'

I think we are in rats' alley
Where the dead men lost their bones.

'What is that noise?'
    The wind under the door.
'What is that noise now? What is the wind doing?'
    Nothing again nothing.
            'Do
You know nothing? Do you see nothing? Do you remember
'Nothing?'

 I remember
Those are pearls that were his eyes.
'Are you alive, or not? Is there nothing in your head?'
            But
O O O O that Shakespeherian Rag —
It's so elegant
So intelligent
'What shall I do now? What shall I do?

Viam-se nas paredes; formas que fitavam
Lançadas, lançando-se, calando a sala encerrada,
Na escada, passos arrastados.
Sob a luz da lareira, sob o pente, seu cabelo
Subia em pontas chamejantes
Brilhava em palavras e então restava loucamente imóvel.

"Estou mal dos nervos hoje. É, mal. Fique comigo.
E fale. Por que você nunca fala? Fale.
 Está pensando em quê? Que pensamento? Qual?
Eu nunca sei o que você está pensando. Pense."

Penso que estamos no beco dos ratos
Onde os mortos perderam os ossos.

"Que barulho é esse?"
 O vento sob a porta.
"Que barulho é esse agora? O que o vento está fazendo?"
 Nada novamente nada.
 "Será
Que você sabe nada? Será que enxerga nada? Será que lembra
"Nada?"

 Eu lembro
São pérolas o que seus olhos foram.
"Você está vivo, ou não? Com nada na cabeça?"
 Mas

O O O O o jazz Cheikspiriano —
Tão elegante
É tão inteligente
"O que farei agora? O que farei?

*I shall rush out as I am, and walk the street
With my hair down, so. What shall we do tomorrow?
What shall we ever do?'*
                        *The hot water at ten.
And if it rains, a closed car at four.
And we shall play a game of chess,
Pressing lidless eyes and waiting for a knock upon the door.*

*When Lil's husband got demobbed, I said —
I didn't mince my words, I said to her myself,
HURRY UP PLEASE ITS TIME
Now Albert's coming back, make yourself a bit smart.
He'll want to know what you done with that money he gave you
To get yourself some teeth. He did, I was there.
You have them all out, Lil, and get a nice set,
He said, I swear, I can't bear to look at you.
And no more can't I, I said, and think of poor Albert,
He's been in the army four years, he wants a good time,
And if you don't give it him, there's others will, I said.
Oh is there, she said. Something o' that, I said.
Then I'll know who to thank, she said, and give me a straight look.
HURRY UP PLEASE ITS TIME
If you don't like it you can get on with it, I said.
Others can pick and choose if you can't.
But if Albert makes off, it won't be for lack of telling.
You ought to be ashamed, I said, to look so antique.
(And her only thirty-one.)
I can't help it, she said, pulling a long face,
It's them pills I took, to bring it off, she said.*

Correr como estou, e andar pelas ruas
De cabelo solto, assim. Fazer o que amanhã?
O que haveremos de fazer?"
                            A água quente às dez.
E se chover, carro fechado às quatro,
E uma partida de xadrez,
Apertando olhos sem pálpebras, à espera da batida na porta.

Quando o marido de Lil foi dispensado, eu disse —
Sem meias palavras, eu disse direto pra ela,
ANDA CORRE ESTÁ NA HORA
Agora o Albert vai voltar, se arrume um pouco.
Ele há de querer saber o que que você fez com o dinheiro
                                                [que te deu
Pra colocar uma dentadura. Deu sim, que eu vi.
Você me arranque tudo, Lil, e ponha uma bonita,
Ele disse, eu juro, não suporto nem te olhar.
E nem eu, que eu disse, e pense no coitado do Albert,
Ficou quatro anos no exército, quer se divertir,
E se você não der, vai ter quem dê, eu disse.
Ah vai, é, ela disse. Ou coisa assim, eu disse.
Aí eu já sei a quem agradecer, ela disse e me olhou firme.
ANDA CORRE ESTÁ NA HORA
Se não te agrada pode deixar, eu disse.
Tem quem se dê ao luxo de escolher, ao contrário de você.
Mas se o Albert chispar, não vai ser por falta de aviso.
Você devia ficar com vergonha, eu falei, dessa cara tão antiga.
(E ela tem só trinta e um.)
Não é minha culpa, ela disse, tristonha,
É os comprimidos que eu tomei, pra cortar, ela disse.

(*She's had five already, and nearly died of young George.*)
The chemist said it would be all right, but I've never been the same.
You are *a proper fool, I said.*
Well, if Albert won't leave you alone, there it is, I said,
What you get married for if you don't want children?
HURRY UP PLEASE ITS TIME
Well, that Sunday Albert was home, they had a hot gammon,
And they asked me in to dinner, to get the beauty of it hot —
HURRY UP PLEASE ITS TIME
HURRY UP PLEASE ITS TIME
Goonight Bill. Goonight Lou. Goonight May. Goonight.
Ta ta. Goonight. Goonight.
Good night, ladies, good night, sweet ladies, good night, good night.

(Já teve cinco, e quase morreu com o George, o pequeninho.)
O boticário disse que ia ficar tudo bem, mas não fui mais a
[mesma.
Mas você é *toda* tonta, eu disse.
Bom, se o Albert não te deixa quieta, é isso, eu disse,
Casou por quê, se não queria filho?
ANDA CORRE ESTÁ NA HORA
Bom, naquele domingo Albert chegou, assaram pernil,
Me convidaram pra jantar, pra ver a coisa quente —
ANDA CORRE ESTÁ NA HORA
ANDA CORRE ESTÁ NA HORA
Boa noite, Bill. Boa noite, Lou. Boa noite, May. Boa noite.
Tchau tchau. Boa noite. Boa noite.
Boa noite, senhoras, boa noite, queridas senhoras, boa
[noite, boa noite.

III. *The Fire Sermon*

*The river's tent is broken; the last fingers of leaf
Clutch and sink into the wet bank. The wind
Crosses the brown land, unheard. The nymphs are departed.
Sweet Thames, run softly, till I end my song.
The river bears no empty bottles, sandwich papers,
Silk handkerchiefs, cardboard boxes, cigarette ends
Or other testimony of summer nights. The nymphs are departed.
And their friends, the loitering heirs of City directors;
Departed, have left no addresses.
By the waters of Leman I sat down and wept...
Sweet Thames, run softly till I end my song,
Sweet Thames, run softly, for I speak not loud or long.
But at my back in a cold blast I hear
The rattle of the bones, and chuckle spread from ear to ear.*

*A rat crept softly through the vegetation
Dragging its slimy belly on the bank
While I was fishing in the dull canal
On a winter evening round behind the gashouse
Musing upon the king my brother's wreck
And on the king my father's death before him.
White bodies naked on the low damp ground
And bones cast in a little low dry garret,
Rattled by the rat's foot only, year to year.
But at my back from time to time I hear
The sound of horns and motors, which shall bring*

iii. O sermão do fogo

Partiu-se a tenda do rio; os últimos dedos de folhas
Prendem-se e afundam na úmida margem. O vento
Cruza a terra escura, ouvido por ninguém. As ninfas se
                                      [foram.
Corra suave, doce Tâmisa, até acabar minha canção.
O rio não leva garrafas vazias, papéis de sanduíches,
Nem lenços de seda, caixas de papelão, pontas de cigarro
Ou outros vestígios de noites de estio. As ninfas se foram.
E seus amigos, vagabundos sucedâneos de banqueiros;
Se foram, não deixaram endereços.
Junto ao lago de Leman me assentei e chorei...
Corra suave, doce Tâmisa, até acabar minha canção.
Corra suave, doce Tâmisa, ela é de pouca força e pouca
                                        [duração.
Porém às minhas costas ouço um baque frio
O chocalhar dos ossos e uma risada que se abriu.

Um rato rastejou suave na vegetação
Correndo o ventre sujo pela margem
Quando eu pescava no canal sem brilho
Numa noite de inverno, atrás da fábrica de gás
Meditando o naufrágio do rei, meu irmão,
E a morte de meu pai, o rei, ainda antes.
Nus corpos brancos sobre o solo baixo e úmido
E ossos postos num sótão baixo e seco,
Só chocalhados pelo pé do rato, tempo passando.
Porém às minhas costas ouço, vez em quando,
Sons de buzinas e motores, levando

Sweeney to Mrs. Porter in the spring.
O the moon shone bright on Mrs. Porter
And on her daughter
They wash their feet in soda water
Et, o ces voix d'enfants, chantant dans la coupole!

Twit twit twit
Jug jug jug jug jug jug
So rudely forc'd.
Tereu

Unreal City
Under the brown fog of a winter noon
Mr. Eugenides, the Smyrna merchant
Unshaven, with a pocket full of currants
C.i.f. London: documents at sight,
Asked me in demotic French
To luncheon at the Cannon Street Hotel
Followed by a weekend at the Metropole.

At the violet hour, when the eyes and back
Turn upward from the desk, when the human engine waits
Like a taxi throbbing waiting,
I Tiresias, though blind, throbbing between two lives,
Old man with wrinkled female breasts, can see
At the violet hour, the evening hour that strives
Homeward, and brings the sailor home from sea,
The typist home at teatime, clears her breakfast, lights
Her stove, and lays out food in tins.
Out of the window perilously spread

Sweeney a sra. Porter na primavera.
Ah como brilhou a lua clara sobre sra. Porter
E sobre sua filha, brilhou forte
Lavam o pé com água tônica, que sorte
Et, o ces voix d'enfants, chantant dans la coupole!

Piu piu piu
Chut chut chut chut chut chut
Rudemente forçada
Tereu

Cidade Irreal
Sob a névoa marrom de uma noite de inverno
O sr. Eugenides, mercante de Esmirna
Barba por fazer, e o bolso cheio de passas
C.i.f., Londres: documentos à primeira vista.
Me convida em francês demótico
Para almoçar no Cannon Street Hotel
E depois um fim de semana no Metropole.

Na hora violeta, quando olhos e dorsos
Se erguem da mesa, quando o motor humano aguarda
Como um táxi que vibra, esperando,
Eu, Tirésias, conquanto cego, vibrando em duas vidas,
Velho de enrugados seios, posso ver
Na hora violeta, a hora vespertina que tenta
Ir para casa, e traz o marujo do mar ao lar,
A datilógrafa em casa para o chá, que guarda o desjejum,
                                                      [acende
O fogão, serve comida na lata.
Retiradas pela janela, perigosamente estendidas,

Her drying combinations touched by the sun's last rays,
On the divan are piled (at night her bed)
Stockings, slippers, camisoles, and stays.
I Tiresias, old man with wrinkled dugs
Perceived the scene, and foretold the rest —
I too awaited the expected guest.
He, the young man carbuncular, arrives,
A small house agent's clerk, with one bold stare,
One of the low on whom assurance sits
As a silk hat on a Bradford millionaire.
The time is now propitious, as he guesses,
The meal is ended, she is bored and tired,
Endeavours to engage her in caresses
Which still are unreproved, if undesired.
Flushed and decided, he assaults at once;
Exploring hands encounter no defence;
His vanity requires no response,
And makes a welcome of indifference.
(And I Tiresias have foresuffered all
Enacted on this same divan or bed;
I who have sat by Thebes below the wall
And walked among the lowest of the dead.)
Bestows one final patronising kiss,
And gropes his way, finding the stairs unlit...

She turns and looks a moment in the glass,
Hardly aware of her departed lover;
Her brain allows one half-formed thought to pass:
'Well now that's done: and I'm glad it's over.'
When lovely woman stoops to folly and
Paces about her room again, alone,

Suas combinações molhadas, tocadas pelo último brilho,
Se acumulam no divã (seu leito à noite)
Meias, chinelos, camisolas e espartilhos.
Eu, Tirésias, velho de tetas rugosas
Percebi a cena, o resto profetizei —
Seu convidado eu também esperei.
Ele, rapaz carbunculoso, chega,
Olhar firme, um corretor, um funcionário,
Um dos míseros em quem a segurança cai
Como cartola num milionário.
A hora é ora, ele supõe, propícia,
Jantaram, enfadada, está cansada,
Esforça-se por tê-la nas carícias
Que ainda acata, mesmo indesejadas.
Corado e pronto, ele de vez se encosta;
Mãos curiosas não são repelidas;
Sua vaidade não requer resposta,
Transforma a indiferença em acolhida.
(E eu, Tirésias, tudo já aguentei,
O que no leito, ou no divã, suporto;
Eu, que às muralhas de Tebas sentei,
E andei entre os mais míseros dos mortos.)
Outorga um beijo a mais, condescendente,
E desce a escada escura, tateante...

Ela vira e mira o espelho um momento,
Mal percebendo o amante que escapou;
A mente aceita meio pensamento:
"Pois está feito: e que bom que acabou".
Quando a linda mulher, agora errática,
Anda de novo pelo quarto, insone,

She smoothes her hair with automatic hand,
And puts a record on the gramophone.

'This music crept by me upon the waters'
And along the Strand, up Queen Victoria Street.
O City city, I can sometimes hear
Beside a public bar in Lower Thames Street,
The pleasant whining of a mandoline
And a clatter and a chatter from within
Where fishmen lounge at noon: where the walls
Of Magnus Martyr hold
Inexplicable splendour of Ionian white and gold.

        The river sweats
        Oil and tar
        The barges drift
        With the turning tide
        Red sails
        Wide
        To leeward, swing on the heavy spar.
        The barges wash
        Drifting logs
        Down Greenwich reach
        Past the Isle of Dogs.
                Weialala leia
                Wallala leialala

        Elizabeth and Leicester
        Beating oars
        The stern was formed
        A gilded shell

Toca o cabelo com mão automática
E põe um disco no seu gramofone.

"Tal música me veio sobre a água"
E pelo Strand, subindo Queen Victoria Street.
Cidade, City, ah, por vezes posso ouvir
Junto de um bar em Lower Thames Street,
Um bandolim e seu doce lamento
E estrondo e vozes altas vêm de dentro,
Onde pescadores passam a tarde, onde
Magnus, Mártir ostenta arquitetônico
Inexplicável fausto em ouro e branco jônico.

          O rio sua
          Óleo e piche
          As barcas vagam
          Na virada da maré
          Velas rubras
          De pé
          A sota-vento pendem da verga pesada.
          As barcas lavam
          Troncos soltos
          No Greenwich Reach
          Após a Ilha dos Cães
                  Weialala leia
                  Wallala leialala

          Elizabeth e Leicester
          Batendo remos
          A popa era formada
          Em concha dourada

Red and gold
The brisk swell
Rippled both shores
Southwest wind
Carried down stream
The peal of bells
White towers
    Weialala leia
    Wallala leialala

'Trains and dusty trees.
Highbury bore me. Richmond and Kew
Undid me. By Richmond I raised my knees
Supine on the floor of a narrow canoe.'

'My feet are at Moorgate, and my heart
Under my feet. After the event
He wept. He promised a "new start."
I made no comment. What should I resent?'

'On Margate Sands.
I can connect
Nothing with nothing.
The broken fingernails of dirty hands.
My people humble people who expect
Nothing.'
   la la

To Carthage then I came

Vermelha e ouro
A vaga forte
Ondulou ambas margens
Vento sudoeste
Levou rio abaixo
O dobre dos sinos
Torres brancas
         Weialala leia
         Wallala leialala

"Bondes, árvores imundas.
Highbury me pariu. Richmond e Kew
Me partiram. Ergui os joelhos em Richmond
No chão de uma estreita canoa, supino."

"Meus pés estão em Moorgate, e o coração,
Por baixo dos pés. Depois chorou de dor,
Me prometeu 'uma nova ocasião'.
Nem comentei. De que guardar rancor?"

"Em Margate Sands. Eu não
Consigo conectar
Nada com nada.
Unhas partidas, sujas suas mãos.
Meu povo, povo humilde a esperar
Nada."
         la la

A Cartago então cheguei

Burning burning burning burning
O Lord Thou pluckest me out
O Lord Thou pluckest

burning

Queimando queimando queimando queimando
Ó Senhor Tu me arrebatas
Ó Senhor arrebatas

queimando

IV. Death by Water

Phlebas the Phoenician, a fortnight dead,
Forgot the cry of gulls, and the deep sea swell
And the profit and loss.
                        A current under sea
Picked his bones in whispers. As he rose and fell
He passed the stages of his age and youth
Entering the whirlpool.
                        Gentile or Jew
O you who turn the wheel and look to windward,
Consider Phlebas, who was once handsome and tall as you.

IV. Morte na água

Flebas, fenício, há quinze dias morto,
Esqueceu o grito das gaivotas e a funda vaga do mar
E ganhos e perdas.
                    Uma corrente submarina
Limpou seus ossos num sussurro. Entre subir e afundar
Viu seus estágios de idade e de jovem
Entrar no turbilhão.
                    Gentio ou judeu
Ó tu que giras o timão mirando a barlavento,
Considera Flebas, que um dia teve beleza e um porte
                             [como o teu.

v. *What the Thunder Said*

After the torchlight red on sweaty faces
After the frosty silence in the gardens
After the agony in stony places
The shouting and the crying
Prison and palace and reverberation
Of thunder of spring over distant mountains
He who was living is now dead
We who were living are now dying
With a little patience

Here is no water but only rock
Rock and no water and the sandy road
The road winding above among the mountains
Which are mountains of rock without water
If there were water we should stop and drink
Amongst the rock one cannot stop or think
Sweat is dry and feet are in the sand
If there were only water amongst the rock
Dead mountain mouth of carious teeth that cannot spit
Here one can neither stand nor lie nor sit
There is not even silence in the mountains
But dry sterile thunder without rain
There is not even solitude in the mountains
But red sullen faces sneer and snarl
From doors of mudcracked houses
                                If there were water

v. O que disse o trovão

Depois do rubro archote em rostos suarentos
Depois do gélido silêncio nos jardins
Depois do pranto em pétreos monumentos
Gritando e chorando
Prisão, palácio e reverberação
De trovão de primavera sobre montes distantes
Aquele que vivia agora é morto
Nós viventes ora estamos morrendo
Com um pouco de paciência

Aqui não há água, apenas rocha
Rocha sem água na via arenosa
A via que acima se enrosca entre os montes
Que são montes de rocha sem água
Houvesse água deveríamos parar e tomar
Entre rochas não se pode parar nem pensar
Seco o suor e os pés vão na areia
Houvesse apenas água entre as rochas
Montanhosa boca morta de dentes cariados que não sabem cuspir
Aqui não se fica de pé nem deitado ou sentado
Nem mesmo silêncio há nos montes
Só seco trovão infértil sem chuva
Nem mesmo há solidão nos montes
Só lúgubres rostos rubros de rosnado escárnio
Nas portas de casas de taipa rachada
                      Houvesse água

And no rock
If there were rock
And also water
And water
A spring
A pool among the rock
If there were the sound of water only
Not the cicada
And dry grass singing
But sound of water over a rock
Where the hermit-thrush sings in the pine trees
Drip drop drip drop drop drop drop
But there is no water

Who is the third who walks always beside you?
When I count, there are only you and I together
But when I look ahead up the white road
There is always another one walking beside you
Gliding wrapt in a brown mantle, hooded
I do not know whether a man or a woman
— But who is that on the other side of you?

What is that sound high in the air
Murmur of maternal lamentation
Who are those hooded hordes swarming
Over endless plains, stumbling in cracked earth
Ringed by the flat horizon only
What is the city over the mountains
Cracks and reforms and bursts in the violet air
Falling towers

E não rocha
Houvesse rocha
E também água
E água
Uma fonte
Uma poça entre as rochas
Houvesse o som da água só
Não a cigarra
E a grama fresca cantando
Mas som de água sobre rocha
Onde canta nos pinhais um tordo-eremita
Drip drop drip drop drop drop drop
Mas não há água

Quem é o terceiro que caminha sempre a teu lado?
Quando conto, há apenas eu e tu, juntos
Mas quando olho adiante na alva via
Há sempre outro caminhando a teu lado
Pairando envolto em manto pardo, encapuzado
Não sei se homem ou mulher
— Mas quem é, ali logo ao teu lado?

O que é o som bem alto no ar
Murmúrio de materna lamúria
Quem são as hordas com capuzes que fervilham
Nas infindas planícies, tropeçando na terra gretada
Cercada apenas de horizonte plano
O que é a cidade sobre os montes
Fendas e reformas e estouros no ar violeta
Torres cadentes

Jerusalem Athens Alexandria
Vienna London
Unreal

A woman drew her long black hair out tight
And fiddled whisper music on those strings
And bats with baby faces in the violet light
Whistled, and beat their wings
And crawled head downward down a blackened wall
And upside down in air were towers
Tolling reminiscent bells, that kept the hours
And voices singing out of empty cisterns and exhausted wells.

In this decayed hole among the mountains
In the faint moonlight, the grass is singing
Over the tumbled graves, about the chapel
There is the empty chapel, only the wind's home.
It has no windows, and the door swings,
Dry bones can harm no one.
Only a cock stood on the rooftree
Co co rico co co rico
In a flash of lightning. Then a damp gust
Bringing rain

Ganga was sunken, and the limp leaves
Waited for rain, while the black clouds
Gathered far distant, over Himavant.
The jungle crouched, humped in silence.
Then spoke the thunder

Jerusalém Atenas Alexandria
Viena Londres
Irreais

Uma mulher puxou a cabeleira preta
E em tal violino fez música murmurada
Morcegos de face infantil sob a luz violeta
Assoviaram com trepidação alada
E desceram de cabeça por um muro enegrecido
E invertidas no ar havia torres pendentes
Onde sinos dobravam as horas, reminiscentes,
E vozes cantando em cisternas vazias e em poços exauridos.

Nesse buraco decadente em meio aos montes
Sob a tênue luz da lua, a grama canta
Sobre as covas reviradas, na capela
Eis a capela vazia, casa apenas do vento.
Não tem janelas, e a porta balança,
Ossos cegos não ferem ninguém.
Apenas um galo ficava na cumeeira
Co có ricó co có ricó
Num relâmpago só. Então úmida rajada
Trazendo chuva

O Ganga afundado, e as folhas murchas
Esperavam a chuva, enquanto as nuvens negras
Juntavam-se distantes, sobre Himavanta.
A selva espreitava, encolhida e calada.
E falou o trovão

DA
Datta: *what have we given?*
My friend, blood shaking my heart
The awful daring of a moment's surrender
Which an age of prudence can never retract
By this, and this only, we have existed
Which is not to be found in our obituaries
Or in memories draped by the beneficent spider
Or under seals broken by the lean solicitor
In our empty rooms
DA
Dayadhvam: *I have heard the key*
Turn in the door once and turn once only
We think of the key, each in his prison
Thinking of the key, each confirms a prison
Only at nightfall, aethereal rumours
Revive for a moment a broken Coriolanus
DA
Damyata: *The boat responded*
Gaily, to the hand expert with sail and oar
The sea was calm, your heart would have responded
Gaily, when invited, beating obedient
To controlling hands

                                I sat upon the shore
Fishing, with the arid plain behind me
Shall I at least set my lands in order?
London Bridge is falling down falling down falling down
Poi s'ascose nel foco che gli affina
Quando fiam uti chelidon — O swallow swallow

DA
Datta: o que demos?
Meu amigo, o sangue agitando meu peito
A tremenda coragem de uma entrega fugaz
Que um século de prudência jamais desfará
Graças a isso, e a isso apenas, existimos
O que não se há de achar em nossos obituários
Ou nas memórias panejadas por benévola aranha
Ou sob selos rompidos pelo esquálido advogado
Em nossos quartos vazios
DA
Dayadhvam: ouvi a chave
Girar na fechadura uma vez e girar uma vez só
Pensamos na chave, cada um em seu cárcere
Pensando na chave, cada um confirma um cárcere
Só ao cair da noite, etéreos rumores
Revivem por mero momento um Coriolano alquebrado
DA
Damyata: o barco respondeu
Alegre, à mão perita em leme e remo
O mar estava calmo, teu coração teria respondido
Alegre, se convidado, batendo obediente
As mãos que controlam

                Sentei-me na praia
Pescando, com árida planície atrás de mim
Devo ao menos pôr em ordem minhas terras?
A ponte de Londres está caindo caindo caindo
Poi s'ascose nel foco che gli affina
Quando fiam uti chelidon — Ó andorinha andorinha

Le Prince d'Aquitaine à la tour abolie
These fragments I have shored against my ruins
Why then Ile fit you. Hieronymo's mad againe.
Datta. Dayadhvam. Damyata.
                            Shantih shantih shantih

Le Prince d'Aquitaine à la tour abolie
Com tais cacos escorei minhas ruínas
Why then Ile fit you. Hieronymo's mad againe.
Datta. Dayadhvam. Damyata.
                          Shantih shantih shantih

Notes on The Waste Land

Not only the title, but the plan and a good deal of the incidental symbolism of the poem were suggested by Miss Jessie L. Weston's book on the Grail legend: From Ritual to Romance (Cambridge). *Indeed, so deeply am I indebted, Miss Weston's book will elucidate the difficulties of the poem much better than my notes can do; and I recommend it (apart from the great interest of the book itself) to any who think such elucidation of the poem worth the trouble. To another work of anthropology I am indebted in general, one which has influenced our generation profoundly; I mean* The Golden Bough; *I have used especially the two volumes* Adonis, Attis, Osiris. *Anyone who is acquainted with these works will immediately recognise in the poem certain references to vegetation ceremonies.*

I. THE BURIAL OF THE DEAD

Line 20. Cf. Ezekiel II, i.
23. Cf. Ecclesiastes XII, v.
31. V. *Tristan und Isolde*, I, verses 5-8.
42. Id. III, verse 24.
46. I am not familiar with the exact constitution of the Tarot pack of cards, from which I have obviously departed to suit my own convenience. The Hanged Man, a member of the traditional pack, fits my purpose in two ways: because he is associated in my mind with the Hanged God of Frazer, and because I associate him with the hooded figure in the passage

Notas para *A terra devastada*

Não apenas o título, mas o plano e boa parte do simbolismo ocasional do poema foram sugeridos pelo livro da srta. Jessie L. Weston a respeito da lenda do Graal: *From Ritual to Romance* (Cambridge). A bem da verdade, devo tanto a ele, que o livro da srta. Weston há de elucidar as dificuldades do poema muito melhor que minhas notas; e eu o recomendo (além do grande interesse que ele próprio desperta) a qualquer pessoa que pense que tal elucidação do poema vale a pena. Devo muito também a outra obra antropológica, um livro que influenciou profundamente nossa geração; eu me refiro a *O ramo de ouro*; usei especialmente os dois volumes de *Adonis, Attis, Osiris*. Quem quer que tenha familiaridade com essas obras vai reconhecer imediatamente no poema certas referências a cerimônias de vegetação.

I. O ENTERRO DOS MORTOS

Verso 20. Cf. Ezequiel 2, 1.
23. Cf. Eclesiastes 12, 5.
31. Ver *Tristão e Isolda*, I, vv. 5-8.
42. Idem, III, v. 24.
46. Não conheço a constituição exata do baralho de Tarô, de que obviamente me afastei como me conveio. O Enforcado, que pertence ao baralho tradicional, serve ao meu propósito de duas maneiras: porque se associa em minha mente ao Deus Enforcado de Frazer, e porque eu o associo à figura encapuzada na passagem dos discípulos a caminho de Emaús

of the disciples to Emmaus in Part v. The Phoenician Sailor and the Merchant appear later; also the 'crowds of people', and Death by Water is executed in Part iv. The Man with Three Staves (an authentic member of the Tarot pack) I associate, quite arbitrarily, with the Fisher King himself.

60. Cf. Baudelaire:
> 'Fourmillante cité, cité pleine de rêves,
> 'Où le spectre en plein jour raccroche le passant.'

63. Cf. Inferno, iii, 55-7:
> si lunga tratta
> di gente, ch'io non avrei mai creduto
> che morte tanta n'avesse disfatta.

64. Cf. Inferno, iv, 25-27:
> Quivi, secondo che per ascoltare,
> non avea pianto ma' che di sospiri
> che l'aura eterna facevan tremare.

68. A phenomenon which I have often noticed.
74. Cf. the Dirge in Webster's White Devil.
76. V. Baudelaire, Preface to *Fleurs du Mal*.

II. A GAME OF CHESS

77. Cf. *Antony and Cleopatra*, ii, ii, l. 190.
92. Laquearia. V. *Aeneid*, i, 726:
> dependent lychni laquearibus aureis
> incensi, et noctem flammis funalia vincunt.

98. Sylvan scene. V. Milton, *Paradise Lost*, iv, 140.
99. V. Ovid, *Metamorphoses*, vi, Philomela.
100. Cf. Part iii, l. 204.
115. Cf. Part iii, l. 195.

na Parte V. O Marujo Fenício e o Mercador aparecem depois; e também as "multidões", e a Morte na Água acontece na Parte IV. O Homem com Três Bastões (figura autêntica do baralho de Tarô) eu associo, algo arbitrariamente, ao próprio Rei Pescador.

60. Cf. Baudelaire:
> *Fourmillante cité, cité pleine de rêves,*
> *Où le spectre en plein jour raccroche le passant.*

63. Cf. Inferno, III, 55-57:
> *sì lunga tratta*
> *di gente, ch'io non avrei mai creduto,*
> *che morte tanta n'avesse disfatta.*

64. Cf. Inferno, IV, 25-27:
> *Quivi, secondo che per ascoltare,*
> *non avea pianto ma' che di sospiri*
> *che l'aura eterna facevan tremare.*

68. Fenômeno que muitas vezes testemunhei.
74. Cf. O canto fúnebre em *The White Devil*, de Webster.
76. Ver Baudelaire, Prefácio a *As flores do mal*.

II. UMA PARTIDA DE XADREZ

77. Cf. *Antônio e Cleópatra*, II, ii., v. 190.
92. Laqueária. Ver *Eneida*, I, 726:
> *dependent lychni laquearibus aureis*
> *incensi, et noctem flammis funalia vincunt.*

98. Cena silvana. Ver Milton, *Paraíso perdido*, IV, 140.
99. Ver Ovídio, *Metamorfoses*, VI, Filomela.
100. Cf. Parte III, 204.
115. Cf. Parte III, 195.

118. Cf. Webster: 'Is the wind in that door still?'
126. Cf. Part I, l. 37, 48.
138. Cf. the game of chess in Middleton's *Women beware Women*.

III. THE FIRE SERMON

176. V. Spenser, *Prothalamion*.
192. Cf. *The Tempest*, I, ii.
196. Cf. Marvell, *To His Coy Mistress*.
197. Cf. Day, *Parliament of Bees*:
> 'When of the sudden, listening, you shall hear,
> 'A noise of horns and hunting, which shall bring
> 'Actaeon to Diana in the spring,
> 'Where all shall see her naked skin...'

199. I do not know the origin of the ballad from which these lines are taken: it was reported to me from Sydney, Australia.
202. V. Verlaine, *Parsifal*.
210. The currants were quoted at a price 'cost insurance and freight to London'; and the Bill of Lading etc., were to be handed to the buyer upon payment of the sight draft.
218. Tiresias, although a mere spectator and not indeed a 'character', is yet the most important personage in the poem, uniting all the rest. Just as the one-eyed merchant, seller of currants, melts into the Phoenician Sailor, and the latter is not wholly distinct from Ferdinand Prince of Naples, so all the women are one woman, and the two sexes meet in Tiresias. What Tiresias *sees*, in fact, is the substance

118. Cf. Webster: "Is the wind in that door still?"
125. Cf. Parte I, 37, 48.
137. Cf. a partida de xadrez em *Women beware Women*, de Middleton.

III. O SERMÃO DO FOGO

176. Ver Spenser, *Prothalamion*.
192. Cf. *A tempestade*, I, ii.
196. Cf. Marvell, "To His Coy Mistress".
197. Cf. Day, *Parliament of Bees*:
> When of the sudden, listening, you shall hear,
> A noise of horns and hunting, which shall bring
> Actaeon to Diana in the spring,
> Where all shall see her naked skin...

199. Não conheço a origem da balada de onde provêm esses versos: veio-me de Sidney, Austrália, essa referência.
202. Ver Verlaine, *Parsifal*.
210. As passas eram vendidas por um preço que incluía "custo, seguro e frete até Londres"; e a declaração aduaneira etc. deveria ser entregue ao comprador quando ele pagasse ao receber as mercadorias.
218. Tirésias, apesar de mero espectador e de não ser de fato "personagem", mesmo assim é a figura mais importante do poema, unificando todo o resto. Exatamente como o mercador caolho, vendedor de passas, funde-se com o Marujo Fenício, e este não se distingue plenamente de Ferdinando, Príncipe de Nápoles; da mesma maneira todas as mulheres são apenas uma mulher, e os dois sexos se encontram em Tirésias. O que Tirésias *vê*, de fato, é a substância

of the poem. The whole passage from Ovid is of great anthropological interest:

> ...Cum Iunone iocos et 'maior vestra profecto est
> Quam quae contingit maribus', dixisse, 'voluptas.'
> Illa negat; placuit quae sit sententia docti
> Quaerere Tiresiae: venus huic erat utraque nota.
> Nam duo magnorum viridi coeuntia silva
> Corpora serpentum baculi violaverat ictu
> Deque viro factus, mirabile, femina septem
> Egerat autumnos; octavo rursus eosdem
> Vidit et 'est vestrae si tanta potentia plagae'
> Dixit 'ut auctoris sortem in contraria mutet,
> Nunc quoque vos feriam!' percussis anguibus isdem
> Forma prior rediit genetivaque venit imago
> Arbiter hic igitur sumptus de lite iocosa
> Dicta Iovis firmat; gravius Saturnia iusto
> Nec pro materia fertur doluisse suique
> Iudicis aeterna damnavit lumina nocte
> At pater omnipotens (neque enim licet inrita cuiquam
> Facta dei fecisse deo) pro lumine adempto
> Scire futura dedit poenamque levavit honore

221. This may not appear as exact as Sappho's lines, but I had in mind the 'longshore' or 'dory' fisherman, who returns at nightfall.
253. V. Goldsmith, the song in *The Vicar of Wakefield*.
257. V. *The Tempest*, as above.
264. The interior of St. Magnus Martyr is to my mind one of the finest among Wren's interiors. See *The Proposed Demolition of Nineteen City Churches* (P. S. King & Son, Ltd.).

do poema. A passagem toda de Ovídio é de grande interesse antropológico:

>... *Cum Iunone iocos et "maior vestra profecto est*
> *Quam, quae contingit maribus", dixisse, "voluptas".*
> *Illa negat; placuit quae sit sententia docti*
> *Quaerere Tiresiae: venus huic erat utraque nota.*
> *Nam duo magnorum viridi coeuntia silva*
> *Corpora serpentum baculi violaverat ictu*
> *Deque viro factus, mirabile, femina septem*
> *Egerat autumnos; octavo rursus eosdem*
> *Vidit et "est vestrae si tanta potentia plagae",*
> *Dixit "ut auctoris sortem in contraria mutet,*
> *Nunc quoque vos feriam!" percussis anguibus isdem*
> *Forma prior rediit genetivaque venit imago.*
> *Arbiter hic igitur sumptus de lite iocosa*
> *Dicta Iovis firmat; gravius Saturnia iusto*
> *Nec pro materia fertur doluisse suique*
> *Iudicis aeterna damnavit lumina nocte,*
> *At pater omnipotens (neque enim licet inrita cuiquam*
> *Facta dei fecisse deo) pro lumine adempto*
> *Scire futura dedit poenamque levavit honore.*

221. Isso pode não parecer tão preciso quanto os versos de Safo, mas eu tinha em mente o pescador que se chama de "longshore", ou "dory", que volta para terra à noite.

253. Ver Goldsmith, a canção em *The Vicar of Wakefield*.

257. Ver *A tempestade*, como *supra*.

264. O interior da igreja de São Magnus, o Mártir, é na minha opinião um dos mais belos daqueles que Wren desenhou. Ver *The Proposed Demolition of Nineteen City Churches* (P. S. King & Son, Ltd.).

266. The Song of the (three) Thames-daughters begins here. From line 292 to 306 inclusive they speak in turn. V. *Götterdämmerung*, III, i: The Rhine-daughters

279. V. Froude, *Elizabeth*, Vol. I, ch. iv, letter of De Quadra to Philip of Spain:
'In the afternoon we were in a barge, watching the games on the river. (The Queen) was alone with Lord Robert and myself on the poop, when they began to talk nonsense, and went so far that Lord Robert at last said, as I was on the spot there was no reason why they should not be married if the queen pleased.'

293. Cf. Purgatorio, v. 133:
    'Ricorditi di me, che son la Pia;
    'Siena mi fe', disfecemi Maremma.'

307. V. St. Augustine's *Confessions*: 'to Carthage then I came, where a cauldron of unholy loves sang all about mine ears.'

308. The complete text of the Buddha's Fire Sermon (which corresponds in importance to the Sermon on the Mount) from which these words are taken, will be found translated in the late Henry Clarke Warren's *Buddhism in Translation* (Harvard Oriental Series). Mr. Warren was one of the great pioneers of Buddhist studies in the Occident.

309. From St. Augustine's *Confessions* again. The collocation of these two representatives of eastern and western asceticism, as the culmination of this part of the poem, is not an accident.

266. A canção das (três) filhas do Tâmisa começa aqui. Do verso 292 ao 306, inclusive, elas se revezam para falar. Ver *Götterdämmerung*, III, i: as filhas do Reno.

279. Ver Froude, *Elizabeth*, vol. 1, cap. 4, carta de De Quadra a Filipe de Espanha:

"À tarde estivemos numa barca, vendo os jogos no rio. (A Rainha) estava sozinha com Lord Robert e comigo à popa, quando eles começaram a falar bobagens, e chegaram a tal ponto que Lord Robert disse que, como eu estava presente, não havia motivo para que eles não se casassem ali mesmo, se a rainha quisesse."

293. Cf. Purgatório, V, 133:
  "*Ricorditi di me, che son la Pia;*
  "*Siena mi fe', disfecemi Maremma*".

307. Ver as *Confissões* de Santo Agostinho: "A Cartago então cheguei, onde um caldeirão de amores ímpios cantava em meus ouvidos".

308. O texto completo do Sermão do Fogo de Buda (que tem importância correspondente à do Sermão da Montanha), de onde provêm essas palavras, pode ser encontrado em tradução no livro do falecido Henry Clarke, *Buddhism in Translations* (Harvard Oriental Series). O sr. Warren foi um dos grandes pioneiros dos estudos do budismo no ocidente.

309. De novo das *Confissões* de Santo Agostinho. A justaposição desses dois representantes do asceticismo do oriente e do ocidente, como culminação desta parte do poema, não é acidental.

V. WHAT THE THUNDER SAID

In the first part of Part v three themes are employed: the journey to Emmaus, the approach to the Chapel Perilous (see Miss Weston's book), and the present decay of eastern Europe.

357. This is *Turdus aonalaschkae pallasii*, the hermit-thrush which I have heard in Quebec Province. Chapman says (*Handbook of Birds in Eastern North America*) 'it is most at home in secluded woodland and thickety retreats. ... Its notes are not remarkable for variety or volume, but in purity and sweetness of tone and exquisite modulation they are unequalled.' Its 'water-dripping song' is justly celebrated.

360. The following lines were stimulated by the account of one of the Antarctic expeditions (I forget which, but I think one of Shackleton's): it was related that the party of explorers, at the extremity of their strength, had the constant delusion that there was *one more member* than could actually be counted.

367-77. Cf. Hermann Hesse, *Blick ins Chaos*: 'Schon ist halb Europa, schon ist zumindest der halbe Osten Europas auf dem Wege zum Chaos, fährt betrunken im heiligen Wahn am Abgrund entlang und singt dazu, singt betrunken und hymnisch wie Dmitri Karamasoff sang. Ueber diese Lieder lacht der Bürger beleidigt, der Heilige und Seher hört sie mit Tränen.'

401. 'Datta, dayadhvam, damyata' (Give, sympathize, control). The fable of the meaning of the Thunder is found in the *Brihadaranyaka — Upanishad*, 5, 1. A translation is found in Deussen's *Sechzig Upanishads des Veda*, p. 489.

V. O QUE DISSE O TROVÃO

Na primeira parte da Parte v empregam-se três temas: a jornada rumo a Emaús, a chegada à Capela Perigosa (ver o livro da srta. Weston) e a decadência atual da Europa oriental.

357. Trata-se do *Turdus aonalaschkae pallasii*, o tordo-eremita que ouvi na província do Quebec. Chapman diz (*Handbook of Birds of Eastern North America*) que "ele se sente em casa em matas isoladas e recantos cerrados [...] seu canto não se distingue por variedade ou volume, mas na pureza e na doçura de seu tom, bem como na refinada modulação, ele não tem iguais". Seu canto de "pingo d'água" é merecidamente famoso.

360. Os versos seguintes foram estimulados pelo relato de uma das expedições antárticas (não recordo qual, mas acho que era uma das de Shackleton): registrou-se que um grupo de exploradores, no fim de suas forças, tinha constantemente a ilusão de que havia *um membro a mais* do que se podia contar.

367-77. Herman Hesse, *Blick ins Chaos*: "*Schon ist halb Europa, schon ist zumindest der halbe Osten Europas auf dem Wege zum Chaos, fährt betrunken im heiligen Wahn Amory Abgrund entlang und singt dazu, singt betrunken und hymnisch wie Dmitri Karamasoff sang. Ueber diese Lieder lacht der Bürger beleidigt, der Heilige und Seher hört sie mit Tränen*".

401. "Datta, dayadhvam, damyata" (Dê, empatize, controle). A fábula do sentido do Trovão se encontra no *Brihadaranyaka — Upanishad*, 5, 1. Há uma tradução nos *Sechzig Upanishads des Veda*, de Deussen, p. 489.

407. Cf. Webster, *The White Devil*, V, vi:
'...they'll remarry
Ere the worm pierce your winding-sheet, ere the spider
Make a thin curtain for your epitaphs.'

411. Cf. *Inferno*, XXXIII, 46:
'ed io sentii chiavar l'uscio di sotto
all'orribile torre.'

Also F. H. Bradley, *Appearance and Reality*, p. 306:
'My external sensations are no less private to myself than are my thoughts or my feelings. In either case my experience falls within my own circle, a circle closed on the outside; and, with all its elements alike, every sphere is opaque to the others which surround it. ... In brief, regarded as an existence which appears in a soul, the whole world for each is peculiar and private to that soul.'

424. V. Weston, *From Ritual to Romance*; chapter on the Fisher King.

427. V. Purgatorio, XXVI, 145.
'"Ara vos prec per aquella valor
"que vos condus al som de l'escalina,
"sovegna vos a temps de ma dolor."
Poi s'ascose nel foco che gli affina.'

428. V. Pervigilium *Veneris*. Cf. Philomela in Parts II and III.

429. V. Gerard de Nerval, Sonnet *El Desdichado*.

431. V. Kyd's *Spanish Tragedy*.

433. Shantih. Repeated as here, a formal ending to an Upanishad. 'The Peace which passeth understanding' is our equivalent to this word.

407. Cf. Webster, *The White Devil*, v, vi:

                               ... *they'll remarry*
Ere the worm pierce your winding-sheet, ere the spider
Make a thin curtain for your epitaphs.

411. Cf. *Inferno*, xxxiii, 46:
    ed io sentii chiavar l'uscio di sotto
    all'orribile torre.

E também H. Bradley, *Appearance and Reality*, p. 306: "Minhas sensações externas não são menos particulares do que meus pensamentos ou sentimentos. Em qualquer desses casos minha experiência se resume a meu círculo, um círculo fechado para fora; e, com seus elementos todos similares, cada esfera é opaca para os outros que a cercam. [...] Em resumo, considerado como existência que aparece numa alma, o mundo todo para cada um é singular e particular daquela alma."

424. Ver Weston: *From Ritual to Romance*, capítulo sobre o Rei Pescador.

427. Ver Purgatório, xxvi, 148.
    "*Ara vos prec, per aquella valor*
    "*que vos condus al som de l'escalina,*
    "*sovegna vos a temps de ma dolor.*"
    Poi s'ascose nel foco che gli affina.

428. Ver *Pervigilium Veneris*. Cf. Filomela nas Partes ii e iii.

429. Ver Gérard de Nerval, no soneto "El desdichado".

431. Ver a *Tragédia espanhola*, de Kyd.

433. Shantih. Repetido aqui, final convencional de um Upanixade. "A Paz que ultrapassa a compreensão" é nosso equivalente a essa palavra.

The Hollow Men (1925)

Mistah Kurtz — he dead.

Os homens ocos
(1925)

Mistah Kurtz — he dead.

The Hollow Men

A penny for the Old Guy

I

We are the hollow men
We are the stuffed men
Leaning together
Headpiece filled with straw. Alas!
Our dried voices, when
We whisper together
Are quiet and meaningless
As wind in dry grass
Or rats' feet over broken glass
In our dry cellar

Shape without form, shade without colour,
Paralysed force, gesture without motion;

Those who have crossed
With direct eyes, to death's other Kingdom
Remember us — if at all — not as lost
Violent souls, but only
As the hollow men
The stuffed men.

Os homens ocos

Uma moeda para o Velho

I

Somos os homens ocos
Somos homens empalhados
Apoiados todos juntos
Com chapéus cheios de palha. Ah!
Nossas vozes secas, dado
Sussurrarmos juntos
São mudas, sem sentido,
Como vento em capim ressequido
Ou patas de ratos nos cacos de vidro
De nossa cave seca

Forma sem corpo, sombra sem cor
Paralítica força, gesto sem impulso;

Os que tenham ido
Olhando firme, ao reino outro da morte
Recordam-nos — se tanto — não como perdidos
De almas violentas, mas apenas
Como os homens ocos
Os empalhados.

II

*Eyes I dare not meet in dreams
In death's dream kingdom
These do not appear:
There, the eyes are
Sunlight on a broken column
There, is a tree swinging
And voices are
In the wind's singing
More distant and more solemn
Than a fading star.*

*Let me be no nearer
In death's dream kingdom
Let me also wear
Such deliberate disguises
Rat's coat, crowskin, crossed staves
In a field
Behaving as the wind behaves
No nearer —*

*Not that final meeting
In the twilight kingdom
With eyes I dare not meet in dreams.*

III

*This is the dead land
This is cactus land*

II

Olhos que não ouso olhar em sonhos
No reino de sonhos da morte
Não são:
Lá, os olhos são
Luz do sol em coluna partida
Lá, há uma árvore oscilando
E vozes estão
Com o vento cantando
Mais distantes, mais solenes
Que um astro em desaparição.

Que eu não fique mais perto
No reino de sonhos da morte
Que também eu porte
Disfarces tão deliberados
Casaco de rato, pele de corvo, cajados cruzados
Num campo
Agindo como o vento se comporta
Não mais perto —

Não aquela última visão
No reino crepuscular
Dos olhos que não ouso olhar em sonhos.

III

Esta é a terra morta
Esta é a terra dos cactos

Here the stone images
Are raised, here they receive
The supplication of a dead man's hand
Under the twinkle of a fading star.

Is it like this
In death's other kingdom
Waking alone
At the hour when we are
Trembling with tenderness
Lips that would kiss
Form prayers to broken stone.

IV

The eyes are not here
There are no eyes here
In this valley of dying stars
In this hollow valley
This broken jaw of our lost kingdoms

In this last of meeting places
We grope together
And avoid speech
Gathered on this beach of the tumid river

Sightless, unless
The eyes reappear
As the perpetual star
Multifoliate rose

Aqui as imagens de pedra
São criadas, aqui recebem
A súplica da mão de um homem morto
Sob o brilho de um astro em desaparição.

É assim
No reino outro da morte
Acordar sem companhia
Na hora em que estamos
Tremendo de ternura
Lábios que beijariam
Formam preces para pedra partida.

IV

Os olhos não estão aqui
Não há olhos aqui
Neste vale de estrelas moribundas
Neste vale oco
Mandíbula partida de nossos reinos perdidos

Neste último dos pontos de encontro
Tateamos unidos
E calamos a fala
Reunidos na praia do túmido rio

Sem ver, a não ser
Que os olhos ressurjam
Como estrela perpétua
Multifoliada rosa

Of death's twilight kingdom
The hope only
Of empty men.

V

Here we go round the prickly pear
Prickly pear prickly pear
Here we go round the prickly pear
At five o'clock in the morning.

Between the idea
And the reality
Between the motion
And the act
Falls the Shadow

                        For Thine is the Kingdom

Between the conception
And the creation
Between the emotion
And the response
Falls the Shadow

                        Life is very long

Between the desire
And the spasm
Between the potency
And the existence
Between the essence

Do reino crepuscular da morte
Esperança apenas
De homens vazios.

V

Rodando em volta da pereira
Da pereira da pereira
Rodando em volta da pereira
Às cinco da manhã.

Entre ideia
E realidade
Entre impulso
E ato
Cai a Sombra
     Pois Vosso é o Reino

Entre concepção
E criação
Entre emoção
E reação
Cai a Sombra
     A vida é muito longa

Entre desejo
E espasmo
Entre potência
E existência
Entre essência

And the descent
Falls the Shadow

                      For Thine is the Kingdom

For Thine is
Life is
For Thine is the

This is the way the world ends
This is the way the world ends
This is the way the world ends
Not with a bang but with a whimper.

E declínio
Cai a Sombra

    Pois Vosso é o Reino

Pois Vosso é
A vida é
Pois Vossa é a

É assim que o mundo acaba
É assim que o mundo acaba
É assim que o mundo acaba
Sem estrondo, num gemido.

Ash-Wednesday
(1930)

Quarta-Feira de Cinzas
(1930)

I

Because I do not hope to turn again
Because I do not hope
Because I do not hope to turn
Desiring this man's gift and that man's scope
I no longer strive to strive towards such things
(Why should the agèd eagle stretch its wings?)
Why should I mourn
The vanished power of the usual reign?

Because I do not hope to know again
The infirm glory of the positive hour
Because I do not think
Because I know I shall not know
The one veritable transitory power
Because I cannot drink
There, where trees flower, and springs flow, for there is nothing again

Because I know that time is always time
And place is always and only place
And what is actual is actual only for one time
And only for one place
I rejoice that things are as they are and
I renounce the blessèd face
And renounce the voice
Because I cannot hope to turn again
Consequently I rejoice, having to construct something
Upon which to rejoice
And pray to God to have mercy upon us
And pray that I may forget

I

Porque eu já não espero tornar mais
Porque eu já não espero
Porque eu já não espero tornar
De dons, visões alheias, desespero
A brasa de querê-los não me abrasa
(Devia a velha águia abrir as asas?)
Por que deveria chorar
A força finda de impérios normais?

Porque eu já não espero saber mais
A glória enferma da hora positiva
Porque não sei conceber
Porque sei que não vou mais saber
A verdadeira força transitiva
Porque não consigo beber
Lá onde brotam flores, fluem fontes, já que nada existe mais

Porque eu sei que o tempo é sempre tempo
E o lugar é sempre e somente lugar
E o que é de fato é fato apenas em seu tempo
E somente em seu lugar
Celebro as coisas serem como são, após
O rosto abençoado eu renegar
E renegar a voz
Porque eu não posso esperar tornar mais
Logo celebro, tendo que edificar alguma coisa
Que caiba celebrar
E rogo a Deus que tenha piedade de nós
E rogo por que eu possa esquecer

These matters that with myself I too much discuss
Too much explain
Because I do not hope to turn again
Let these words answer
For what is done, not to be done again
May the judgement not be too heavy upon us

Because these wings are no longer wings to fly
But merely vans to beat the air
The air which is now thoroughly small and dry
Smaller and dryer than the will
Teach us to care and not to care
Teach us to sit still.

Pray for us sinners now and at the hour of our death
Pray for us now and at the hour of our death.

Tais coisas que comigo discuto demais
Que explico demais
Porque eu já não espero tornar mais
Que estas palavras respondam
Pelo que foi feito, que não se faça mais
Que o juízo não pese demais sobre nós

Porque voar com tais asas não faz mais sentido
São só peneiras fustigando o ar
Um ar que agora é todo seco e reduzido
Menor e mais seco que a vontade
Mostrai como cuidar e não cuidar
Mostrai-nos a imobilidade.

Rogai por nós pecadores agora e na hora de nossa morte
Rogai por nós agora e na hora de nossa morte.

II

Lady, three white leopards sat under a juniper-tree
In the cool of the day, having fed to satiety
On my legs my heart my liver and that which had been contained
In the hollow round of my skull. And God said
Shall these bones live? shall these
Bones live? And that which had been contained
In the bones (which were already dry) said chirping:
Because of the goodness of this Lady
And because of her loveliness, and because
She honours the Virgin in meditation,
We shine with brightness. And I who am here dissembled
Proffer my deeds to oblivion, and my love
To the posterity of the desert and the fruit of the gourd.
It is this which recovers
My guts the strings of my eyes and the indigestible portions
Which the leopards reject. The Lady is withdrawn
In a white gown, to contemplation, in a white gown.
Let the whiteness of bones atone to forgetfulness.
There is no life in them. As I am forgotten
And would be forgotten, so I would forget
Thus devoted, concentrated in purpose. And God said
Prophesy to the wind, to the wind only for only
The wind will listen. And the bones sang chirping
With the burden of the grasshopper, saying

Lady of silences
Calm and distressed

II

Senhora, três leopardos brancos sob um pé de zimbro
                              [sentados
No frescor do dia, depois de se terem saciado
Com minhas pernas coração e fígado e aquilo antes contido
Na oca esfera de meu crânio. E Deus disse
Devem tais ossos viver? devem tais
Ossos viver? E aquilo antes contido
Nos ossos (que estavam já secos) disse num gorjeio:
Por causa da bondade desta Senhora
E em função de seu encanto, e porque
Ela honra a Virgem em pensamento,
Brilhamos na luz. E eu que aqui me oculto
Entrego meus feitos ao oblívio, e meu amor
À posteridade do deserto e ao fruto da cabaça.
É isso que recobre
Minhas tripas as cordas dos olhos e as porções indigeríveis
Que rejeitam leopardos. A Senhora se recolhe
Em veste branca, em contemplação, em veste branca.
Que a brancura dos ossos expie o esquecimento.
Neles não há vida. Como fui esquecido
E seria esquecido, assim também esqueceria
Com tal devoção, com firme propósito. E Deus disse
Profetiza ao vento, ao vento e só pois só
O vento há de ouvir. E os ossos cantaram seu gorjeio
Com o fardo do gafanhoto, dizendo

Senhora dos silêncios
Calma e perturbada

*Torn and most whole
Rose of memory
Rose of forgetfulness
Exhausted and life-giving
Worried reposeful
The single Rose
Is now the Garden
Where all loves end
Terminate torment
Of love unsatisfied
The greater torment
Of love satisfied
End of the endless
Journey to no end
Conclusion of all that
Is inconclusible
Speech without word and
Word of no speech
Grace to the Mother
For the Garden
Where all love ends.*

*Under a juniper-tree the bones sang, scattered and shining
We are glad to be scattered, we did little good to each other,
Under a tree in the cool of the day, with the blessing of sand,
Forgetting themselves and each other, united
In the quiet of the desert. This is the land which ye
Shall divide by lot. And neither division nor unity
Matters. This is the land. We have our inheritance.*

Rota e quase inteira
Rosa da memória
Rosa de esquecimento
Exaurida e que dá vida
Tensa descansadamente
A Rosa só
É ora o Jardim
Onde acabam os amores
Extermina o tormento
Do amor insatisfeito
O maior dos tormentos
Do amor satisfeito
Fim da infinita
Jornada sem fins
Conclusão de tudo que
É inconcluível
Fala sem palavra e
Palavra de fala nenhuma
Graça à Mãe
Pelo Jardim
Onde acaba todo o amor.

Sob um pé de zimbro cantavam os ossos, espalhados,
                              [reluzentes
É bom que estejamos espalhados, pouco fizemos uns pelos
                              [outros,
Sob uma árvore no frescor do dia, com a bênção da areia,
Esquecendo-se de si e uns dos outros, unidos
No silêncio do deserto. É esta a terra que haveis
De partilhar em lotes. E nem partilha nem inteireza
Importam. É esta a terra. Temos nossa herança.

III

At the first turning of the second stair
I turned and saw below
The same shape twisted on the banister
Under the vapour in the fetid air
Struggling with the devil of the stairs who wears
The deceitul face of hope and of despair.

At the second turning of the second stair
I left them twisting, turning below;
There were no more faces and the stair was dark,
Damp, jaggèd, like an old man's mouth drivelling, beyond repair,
Or the toothed gullet of an agèd shark.

At the first turning of the third stair
Was a slotted window bellied like the figs's fruit
And beyond the hawthorn blossom and a pasture scene
The broadbacked figure drest in blue and green
Enchanted the maytime with an antique flute.
Blown hair is sweet, brown hair over the mouth blown,
Lilac and brown hair;
Distraction, music of the flute, stops and steps of the mind over the
[*third stair,*
Fading, fading; strength beyond hope and despair
Climbing the third stair.

Lord, I am not worthy
Lord, I am not worthy
          but speak the word only.

III

Na primeira volta da segunda escada
Voltei-me e vi lá embaixo
A mesma forma torta sobre a balaustrada
Sob o fedor da atmosfera pesada
Lutando com o demônio dos degraus, que usava
A face enganosa da esperança desolada.

Na segunda volta da segunda escada
Deixei-os contorcidos, voltados pra baixo;
Sem mais faces, a escada era escuridão,
Úmida, entrecortada, como boca de velho que baba,
                                        [condenada,
Ou gorja denteada de idoso tubarão.

Na primeira volta da terceira escada,
Janela ranhurada, obesa como um fruto, um figo
E atrás de flor de espinho e cena pastoril
O vulto largo usando verde e anil
Enfeitiçava o mês de maio com flautim antigo.
Cabelo desfeito é doçura, na boca o cabelo que o vento desfaz
Cabelo castanho e lilás;
Distração, som da flauta, graus e degraus da mente sobre a
                                        [terceira escada,
Sumindo, sumindo; força além da esperança desolada
Subindo a terceira escada.

Senhor, eu não sou digno
Senhor, eu não sou digno
            mas dizei uma só palavra.

IV

Who walked between the violet and the violet
Who walked between
The various ranks of varied green
Going in white and blue, in Mary's colour,
Talking of trivial things
In ignorance and knowledge of eternal dolour
Who moved among the others as they walked,
Who then made strong the fountains and made fresh the springs

Made cool the dry rock and made firm the sand
In blue of larkspur, blue of Mary's colour,
Sovegna vos

Here are the years that walk between, bearing
Away the fiddles and the flutes, restoring
One who moves in the time between sleep and waking, wearing

White light folded, sheathed about her, folded.
The new years walk, restoring
Through a bright cloud of tears, the years, restoring
With a new verse the ancient rhyme. Redeem
The time. Redeem
The unread vision in the higher dream
While jewelled unicorns draw by the gilded hearse.

The silent sister veiled in white and blue
Between the yews, behind the garden god,
Whose flute is breathless, bent her head and signed but spoke no
                                                            [*word*

IV

Quem tem andado entre a violeta e o violeta
Quem tem andado
Entre as fileiras várias de verde variado
Indo de branco e azul, cor de Maria
Falando de coisas correntes
Conhecendo e ignorando a eterna agonia
Que andou entre os outros quando andavam,
Que então revigorou as fontes, refrescou nascentes

Resfriou a pedra seca e fez firme a areia
No azul da consólida, azul de Maria
Sovegna vos

Eis os anos que andam por entre, levando
Embora rabecas, flautins, restaurando
Alguém que se move no tempo entre sono e vigília, trajando

Luz branca, que a envelopa, envolvida.
Passo do ano novo, restaurando
Contra nuvem brilhante de prantos, anos, restaurando
Em verso novo a antiga rima. Redima
O tempo, Redima
A visão não lida de um sonho mais acima
Enquanto unicórnios ornados tracionam dourado ataúde.

Velava, muda, a irmã de branco e azul
Por entre os teixos, atrás do deus do jardim,
Cujo flautim não tem alento, cabeça baixa, persignada, sem dizer
[palavra

But the fountain sprang up and the bird sang down
Redeem the time, redeem the dream
The token of the word unheard, unspoken

Till the wind shake a thousand whispers from the yew

And after this our exile

Mas a fonte jorrou e o pássaro cantou do alto
Redima o tempo, redima o sonho
Penhor do verbo inaudito, não dito

Até que o vento arranque mil sussurros deste teixo

E depois deste desterro

V

If the lost word is lost, if the spent word is spent
If the unheard, unspoken
Word is unspoken, unheard;
Still is the unspoken word, the Word unheard,
The Word without a word, the Word within
The world and for the world;
And the light shone in darkness and
Against the Word the unstilled world still whirled
About the centre of the silent Word.

O my people, what have I done unto thee.

Where shall the word be found, where will the word
Resound? Not here, there is not enough silence
Not on the sea or on the islands, not
On the mainland, in the desert or the rain land,
For those who walk in darkness
Both in the day time and in the night time
The right time and the right place are not here
No place of grace for those who avoid the face
No time to rejoice for those who walk among noise and
                                        [deny the voice

Will the veiled sister pray for
Those who walk in darkness, who chose thee and oppose thee,
Those who are torn on the horn between season and season, time
                                        [and time, between
Hour and hour, word and word, power and power, those who wait
In darkness? Will the veiled sister pray

V

Se está perdido o verbo perdido, se está gasto o verbo gasto
Se, inaudito, se não dito
O verbo é não dito, é inaudito;
Ainda é o verbo não dito, é o Verbo inaudito,
O Verbo sem verbo, Verbo interno
A'o mundo e para o mundo;
E a luz resplandeceu nas trevas e
Contra o Verbo a Terra revolve-se em vórtice
Em torno ao centro do silente Verbo.

  Ó povo meu; que te tenho feito?

Onde há de o verbo estar, onde há de o verbo
Ressoar? Não aqui, aqui falta silêncio
Não no oceano e não nas ilhas, não
No continente, no deserto ou nas terras da chuva,
Para os que andam nas trevas
Durante tanto o dia quanto a noite
Não são aqui hora certa e o lugar certo
Sem lugar de graça por terem evitado a face
Sem tempo de contentamento para vós, que andais no caos,
            [negais a voz

Irá a irmã velada rogar por
Quem anda nas trevas, quem te propõe e quem se opõe
Quem teme o dilema entre estação e estação, tempo
         [e tempo, entre
Hora e hora, verbo e verbo, força e força, quem espera
Nas trevas? Irá a irmã velada rogar

For children at the gate
Who will not go away and cannot pray:
Pray for those who chose and oppose

O my people, what have I done unto thee.

Will the veiled sister between the slender
Yew trees pray for those who offend her
And are terrified and cannot surrender
And affirm before the world and deny between the rocks
In the last desert between the last blue rocks
The desert in the garden the garden in the desert
Of drouth, spitting from the mouth the withered apple-seed.

O my people.

Por crianças lá fora
Que não vão se afastar e não sabem rogar
Rogar por quem propõe e quem se opõe

    Ó povo meu; que te tenho feito?

Irá a irmã velada entre os ramos que pendem
Dos teixos rogar por aqueles que a ofendem
E aterrados não conseguem, não se rendem
E afirmam ante o mundo e negam entre as rochas
No último deserto entre as últimas rochas azuis
O deserto no jardim o jardim no deserto
Da seca, cuspindo da boca a semente murcha da maçã.

    Ó povo meu.

VI

Although I do not hope to turn again
Although I do not hope
Although I do not hope to turn

Wavering between the profit and the loss
In this brief transit where the dreams cross
The dreamcrossed twilight between birth and dying
(Bless me father) though I do not wish to wish these things
From the wide window towards the granite shore
The white sails still fly seaward, seaward flying
Unbroken wings

And the lost heart stiffens and rejoices
In the lost lilac and the lost sea voices
And the weak spirit quickens to rebel
For the bent golden-rod and the lost sea smell
Quickens to recover
The cry of quail and the whirling plover
And the blind eye creates
The empty forms between the ivory gates
And smell renews the salt savour of the sandy earth

This is the time of tension between dying and birth
The place of solitude where three dreams cross
Between blue rocks
But when the voices shaken from the yew-tree drift away
Let the other yew be shaken and reply.
Blessèd sister, holy mother, spirit of the fountain, spirit of the
                                                                 [*garden,*

VI

Embora eu não espere tornar mais
Embora eu não espere
Embora eu não espere tornar

Hesitando entre perdas e ganhos
No trânsito breve em que cruzam-se sonhos
Crepúsculo cruzado de sonhos em meio a parto e morte
(Abençoai-me, pai) embora eu não deseje tais coisas desejadas
Da larga janela para a praia de granito
As velas brancas voam sempre rumo ao mar, o mar por norte
Asas inquebradas

E o coração perdido se enrijece ao celebrar
No perdido lilás e nas vozes perdidas do mar
E o espírito fraco vê-se logo insurgido
Contra áureo cajado curvo e o aroma marinho perdido
Vai logo buscando
O grito da codorna, tarambola girando
E o olho cego cria
Entre os portões ebúrneos as formas vazias
E olfato refaz o sal, sabor da areia da terra

É este o tempo tenso que entre morte e parto se encerra
Lugar de solidão onde se cruzam três sonhos
Entre rochas azuis
Mas quando as vozes arrancadas do teixo se evolam
Que de um teixo outro se arranque outra resposta.
Beata irmã, santa mãe, espírito da fonte, do jardim,

*Suffer us not to mock ourselves with falsehood
Teach us to care and not to care
Teach us to sit still
Even among these rocks,
Our peace in His will
And even among these rocks
Sister, mother
And spirit of the river, spirit of the sea,
Suffer me not to be separated*

And let my cry come unto Thee.

Não permitas que nos escarneçamos com falsidade
Mostra como cuidar e não cuidar
Mostra-nos a imobilidade
Mesmo em meio a essas rochas
Nossa paz em Tua vontade
E mesmo em meio a essas rochas
Irmã, mãe
E espírito do rio, espírito do mar maior,
Não permitas que eu me veja separado

E chegue a Ti o meu clamor.

Ariel Poems
(1927-54)

Poemas de Ariel
(1927-54)

Journey of the Magi

'A cold coming we had of it,
Just the worst time of the year
For a journey, and such a long journey:
The ways deep and the weather sharp,
The very dead of winter.'
And the camels galled, sore-footed, refractory,
Lying down in the melting snow.
There were times we regretted
The summer palaces on slopes, the terraces,
And the silken girls bringing sherbet.
Then the camel men cursing and grumbling
And running away, and wanting their liquor and women,
And the night-fires going out, and the lack of shelters,
And the cities hostile and the towns unfriendly
And the villages dirty and charging high prices:
A hard time we had of it.
At the end we preferred to travel all night,
Sleeping in snatches,
With the voices singing in our ears, saying
That this was all folly.

Then at dawn we came down to a temperate valley,
Wet, below the snow line, smelling of vegetation;
With a running stream and a water-mill beating the darkness,
And three trees on the low sky,
And an old white horse galloped away in the meadow.
Then we came to a tavern with vine-leaves over the lintel,

Jornada dos magos

"Foi fria a nossa vinda,
Logo o pior momento do ano
Para uma jornada, e ainda tão longa:
As trilhas fundas, o tempo cortante,
A hora mais morta do inverno."
E os camelos esfolados, pés feridos, refratários,
Deitando-se na neve que derrete.
Houve momentos em que lamentamos
Palácios de verão nas colinas e pátios
E moças sedosas trazendo sorbet.
Então os cameleiros xingando e rosnando
E fugindo e querendo bebida, mulheres
E as fogueiras à noite apagando e a falta de teto
E as cidades hostis, vilas inamistosas
E os vilarejos sujos, cobrando tão caro:
Foi dura a nossa vinda.
No fim preferimos andar toda a noite,
Dormindo picado,
Com vozes cantando no ouvido, dizendo
Que era tudo tolice.

E então nascendo o sol descemos rumo a um vale
                             [temperado,
Úmido, abaixo da linha da neve, com cheiro de mato,
Um riacho correndo e uma roda-d'água batendo no escuro,
E três árvores no céu baixo.
E um velho cavalo branco galopando no prado.
Então chegamos a uma taverna com videiras no lintel,

*Six hands at an open door dicing for pieces of silver,
And feet kicking the empty wine-skins.
But there was no information, and so we continued
And arriving at evening, not a moment too soon
Finding the place; it was (you may say) satisfactory.*

*All this was a long time ago, I remember,
And I would do it again, but set down
This set down
This: were we led all that way for
Birth or Death? There was a Birth, certainly,
We had evidence and no doubt. I had seen birth and death,
But had thought they were different; this Birth was
Hard and bitter agony for us, like Death, our death.
We returned to our places, these Kingdoms,
But no longer at ease here, in the old dispensation,
With an alien people clutching their gods.
I should be glad of another death.*

Numa porta aberta seis mãos nos dados, por moedas de prata,
E pés chutando odres de vinho vazios.
Mas nada de informações, e assim seguimos
E chegamos à noite, bem na hora
Encontrando o lugar; era (pode-se dizer) satisfatório.

Tudo isso foi há muito tempo, eu lembro,
E tudo faria de novo, mas registre
Isso, registre
Isso: fomos levados até lá para
Parto ou Morte? Houve um Parto, é certo,
Tivemos provas e dúvida nenhuma. Eu tinha visto parto e morte,
Mas achava que eram diferentes; este Parto foi
Duro, uma agonia intensa para nós, como a Morte, nossa morte.
Voltamos ao nosso lugar, estes Reinos,
Mas não mais à vontade aqui, na vida de sempre,
Com um povo estranho agarrado a seus deuses.
Eu gostaria de outra morte.

A Song for Simeon

Lord, the Roman hyacinths are blooming in bowls and
The winter sun creeps by the snow hills;
The stubborn season has made stand.
My life is light, waiting for the death wind,
Like a feather on the back of my hand.
Dust in sunlight and memory in corners
Wait for the wind that chills towards the dead land.

Grant us thy peace.
I have walked many years in this city,
Kept faith and fast, provided for the poor,
Have given and taken honour and ease.
There went never any rejected from my door.
Who shall remember my house, where shall live
                    [my children's children
When the time of sorrow is come?
They will take to the goat's path, and the fox's home,
Fleeing from the foreign faces and the foreign swords.

Before the time of cords and scourges and lamentation
Grant us thy peace.
Before the stations of the mountain of desolation,
Before the certain hour of maternal sorrow,
Now at this birth season of decease,
Let the Infant, the still unspeaking and unspoken Word,
Grant Israel's consolation
To one who has eighty years and no to-morrow.

Um cântico para Simeão

Senhor, jacintos romanos florescem, então
O sol do inverno escala os brancos montes;
Asseverou-se a teimosa estação
A minha vida espera o vento, a morte,
Qual pluma leve nas costas da mão.
Poeira ao sol e a memória nos cantos
Esperam o vento frio da terra em extinção.

Dai-nos a vossa paz.
Muitos anos andei nesta cidade,
Com fé e jejum, cuidei dos desvalidos,
Sossego e honra dei e tive iguais
Jamais da minha porta alguém foi repelido.
Quem há de lembrar minha casa, onde hão de viver os
                              [filhos dos meus filhos
Quando a hora da dor se instalar?
Serão o bode em sua trilha, a raposa em seu lar,
Fugindo de faces estranhas, estrangeiras espadas.

Antes da hora de cordas, flagelos, de lamentação,
Dai-nos a vossa paz.
Antes das estações do monte da desolação
Antes do materno pranto, que será seguro,
No tempo de falecimento que se faz
Que o Infante, Verbo ainda sem voz, sem expressão
Conceda o consolo de Israel
A alguém que tem oitenta anos, sem futuro.

According to thy word.
They shall praise Thee and suffer in every generation
With glory and derision,
Light upon light, mounting the saints' stair.
Not for me the martyrdom, the ecstasy of thought and prayer,
Not for me the ultimate vision.
Grant me thy peace.
(And a sword shall pierce thy heart,
Thine also).
I am tired with my own life and the lives of those after me,
I am dying in my own death and the deaths of those after me.
Let thy servant depart,
Having seen thy salvation.

Segundo vossa palavra.
Vão vos louvar e sofrer em cada geração
Com glória e derrisão,
Luz sobre luz, subindo a escada dos santos.
Não para mim o martírio, o êxtase de reza e pensamento,
Não para mim a definitiva visão.
Dai-me a vossa paz.
(E uma espada traspassará vosso peito,
Também o vosso.)
Estou cansado da minha vida e das vidas dos que vêm
                                   [depois de mim,
Estou morrendo em minha morte e na morte dos que vêm
                                   [depois de mim.
Deixai partir vosso criado,
Tendo visto vossa salvação.

Animula

'Issues from the hand of God, the simple soul'
To a flat world of changing lights and noise,
To light, dark, dry or damp, chilly or warm;
Moving between the legs of tables and of chairs,
Rising or falling, grasping at kisses and toys,
Advancing boldly, sudden to take alarm,
Retreating to the corner of arm and knee,
Eager to be reassured, taking pleasure
In the fragrant brilliance of the Christmas tree,
Pleasure in the wind, the sunlight and the sea;
Studies the sunlit pattern on the floor
And running stags around a silver tray;
Confounds the actual and the fanciful,
Content with playing-cards and kings and queens,
What the fairies do and what the servants say.
The heavy burden of the growing soul
Perplexes and offends more, day by day;
Week by week, offends and perplexes more
With the imperatives of 'is and seems'
And may and may not, desire and control.
The pain of living and the drug of dreams
Curl up the small soul in the window seat
Behind the Encyclopaedia Britannica.
Issues from the hand of time the simple soul
Irresolute and selfish, misshapen, lame,
Unable to fare forward or retreat,
Fearing the warm reality, the offered good,
Denying the importunity of the blood,
Shadow of its own shadows, spectre in its own gloom,

Animula

"Provém da mão de Deus a simples alma"
A um plano mundo de som e luz mudada,
A luz, escuro, seco ou charco, calor ou frio;
Andando entre pernas de mesas, cadeiras,
Catando beijos, jogos, caída ou levantada,
Assustadiça, seguindo com brio,
No braço e no colo fazendo seu ninho,
Buscando consolo, ganhando prazer
No brilho aromático do pinheirinho,
Prazer com vento, sol, prazer marinho;
Confere padrões solares que o piso ostenta
E cervos correndo na salva prateada;
Confunde fato e fantasia,
Contenta-se com cartas, reis, rainhas,
O que fazem as fadas e dizem criadas.
Pesado, o fardo da crescente alma
Desorienta e mais ofende, dia a dia;
Semana a semana, ofende e mais desorienta
Com "é e parece" em seus imperativos
E pode e não pode, desejo e calma.
A droga dos sonhos, a dor dos vivos,
Aninham a alminha sentada à soleira
Atrás da *Encyclopaedia Britannica*.
Provém da mão do tempo, a simples alma
Irresoluta, egoica, deformada e coxa,
Incapaz de recuar ou ir na dianteira
Temendo a morna realidade, o bem oferecido,
Negando o sangue intempestivo.
Sombra das sombras, espectro de escuro próprio,

Leaving disordered papers in a dusty room;
Living first in the silence after the viaticum.

Pray for Guiterriez, avid of speed and power,
For Boudin, blown to pieces,
For this one who made a great fortune,
And that one who went his own way.
Pray for Floret, by the boarhound slain between the yew trees,
Pray for us now and at the hour of our birth.

Pondo no pó de um quarto seus papéis caóticos
Saindo primeiro em silêncio depois do viático.

Rogai por Guiterriez, que quer velocidade, poder,
Por Boudin, destroçado,
Por este que fez grande fortuna.
E aquele que seguiu sua via.
Rogai por Floret, morto entre os teixos pelos cães de caça
                                                          [ao urso,
Rogai por nós agora e na hora de nosso parto.

Marina

Quis hic locus, quae
regio, quae mundi plaga?

What seas what shores what grey rocks and what islands
What water lapping the bow
And scent of pine and the woodthrush singing through the fog
What images return
O my daughter.

Those who sharpen the tooth of the dog, meaning
Death
Those who glitter with the glory of the hummingbird, meaning
Death
Those who sit in the sty of contentment, meaning
Death
Those who suffer the ecstasy of the animals, meaning
Death

Are become insubstantial, reduced by a wind,
A breath of pine, and the woodsong fog
By this grace dissolved in place

What is this face, less clear and clearer
The pulse in the arm, less strong and stronger —
Given or lent? more distant than stars and nearer than the eye

Marina

Quis hic locus, quae
regio, quae mundi plaga?

Que mares que praias que rochas cinzentas que ilhas
Que água lambendo a quilha
E aroma de pinho e tordo cantando em meio à névoa
Que imagens retornam
Ah, minha filha.

Os que afiam o dente do cão, ou seja
Morte
Os que cintilam com a glória do colibri, ou seja
Morte
Os que restam sentados na pocilga da satisfação, ou seja
Morte
Os que sofrem o êxtase dos bichos, ou seja
Morte

Tornaram-se imateriais, reduzidos por um vento,
Um alento de pinho e a névoa do canto
Por tal graça dissolvidos onde estivessem

Que face é essa, que é menos e mais clara
O pulso no braço, que é menos e mais forte —
Dado ou emprestado? mais longe que os astros, mais perto
                                                       [que o olho

Whispers and small laughter between leaves and hurrying feet
Under sleep, where all the waters meet.

Bowsprit cracked with ice and paint cracked with heat.
I made this, I have forgotten
And remember.
The rigging weak and the canvas rotten
Between one June and another September.
Made this unknowing, half conscious, unknown, my own.
The garboard strake leaks, the seams need caulking.
This form, this face, this life
Living to live in a world of time beyond me; let me
Resign my life for this life, my speech for that unspoken,
The awakened, lips parted, the hope, the new ships.

What seas what shores what granite islands towards my timbers
And woodthrush calling through the fog
My daughter.

Sussurros e riso pequeno entre folhas e pressa dos pés
Adormece, onde se encontram as marés.

Gurupés rachado de gelo, e tinta no calor rachada.
Obra minha, malgrado esquecida
Eu me lembro.
Cordame fraco e vela apodrecida
Entre um junho e um outro setembro.
Obra minha distraída, semicônscia, não sabida, minha e só.
O resbordo faz água, há frestas por calafetar
Tal forma, tal face, tal vida
Viva por viver num mundo de tempo além mim; permita
Que eu ceda a vida por tal vida, a fala por fala não dita,
Desperta, entreabre ela os lábios, a esperança, novas naus.

Que mares que praias que ilhas graníticas miram meu casco
E tordo chamando em meio à névoa
Minha filha.

The Cultivation of Christmas Trees

There are several attitudes towards Christmas,
Some of which we may disregard:
The social, the torpid, the patently commercial,
The rowdy (the pubs being open till midnight),
And the childish — which is not that of the child
For whom the candle is a star, and the gilded angel
Spreading its wings at the summit of the tree
Is not only a decoration, but an angel.
The child wonders at the Christmas Tree:
Let him continue in the spirit of wonder
At the Feast as an event not accepted as a pretext;
So that the glittering rapture, the amazement
Of the first-remembered Christmas Tree,
So that the surprises, delight in new possessions
(Each one with its peculiar and exciting smell),
The expectation of the goose or turkey
And the expected awe on its appearance,
So that the reverence and the gaiety
May not be forgotten in later experience,
In the bored habituation, the fatigue, the tedium,
The awareness of death, the consciousness of failure,
Or in the piety of the convert
Which may be tainted with a self-conceit
Displeasing to God and disrespectful to the children
(And here I remember also with gratitude
St. Lucy, her carol, and her crown of fire):
So that before the end, the eightieth Christmas
(By 'eightieth' meaning whichever is the last)
The accumulated memories of annual emotion

O cultivo de árvores de Natal

Há diversas atitudes para com o Natal,
Algumas das quais não valem a pena:
A social, a torpe, a meramente comercial,
A desordeira (bares abertos até meia-noite)
E a infantilizada — que não é a da criança
Que acha que a vela é estrela, e que o anjo dourado
De asas abertas do topo da árvore
É não apenas enfeite, mas anjo.
A criança se espanta com a Árvore:
Que siga no espírito do espanto
Tendo a Festa como evento não aceito por pretexto;
Para que o enlevo reluzente, o encanto
Da primeira lembrança da Árvore,
Para que as surpresas, deleite de novas posses
(Cada uma com um cheiro seu, empolgante).
A expectativa de ganso ou peru
E o pasmo esperado quando surgem,
Para que reverência e alegria
Não se possam esquecer mais tarde,
No costume, na fadiga, no tédio,
Consciência da morte, consciência do fracasso,
Ou na fé do convertido
Que pode ser maculada por vaidade
Que desagrada a Deus e desrespeita as crianças
(E aqui lembro também com gratidão
Santa Luzia, seu canto e coroa de fogo):
Para que antes do fim, do octagésimo Natal
("Octagésimo" significando o que for derradeiro)
As lembranças somadas de emoção anual

May be concentrated into a great joy
Which shall be also a great fear, as on the occasion
When fear came upon every soul:
Because the beginning shall remind us of the end
And the first coming of the second coming.

Possam concentrar-se num grande prazer
Que há também de ser grande medo, como na ocasião
Em que o medo assolou cada alma:
Porque o começo há de lembrar-nos o final
E o primeiro advento, o segundo advento.

Four Quartets
(1943)

τοῦ λόγου δ'ἐόντος ξυνοῦ ζώουσιν οἱ
πολλοί ὡς ἰδίαν ἔχοντες φρόνησιν.
I. p. 77. Fr. 2.

ὁδὸς ἄνω κάτω μία καὶ ὡυτή
I. p. 89. Fr. 60.

Diels: *Die Fragmente der Vorsokratiker* (Herakleitos).

Quatro quartetos
(1943)

τοῦ λόγου δ᾽ἐόντος ξυνοῦ ζώουσιν οἱ
πολλοί ὡς ἰδίαν ἔχοντες φρόνησιν.
I. p. 77. Fr. 2.

ὁδὸς ἄνω κάτω μία καὶ ὡυτή
I. p. 89. Fr. 60.

Diels: *Die Fragmente der Vorsokratiker* (Herakleitos).

Burnt Norton

I

Time present and time past
Are both perhaps present in time future,
And time future contained in time past.
If all time is eternally present
All time is unredeemable.
What might have been is an abstraction
Remaining a perpetual possibility
Only in a world of speculation.
What might have been and what has been
Point to one end, which is always present.
Footfalls echo in the memory
Down the passage which we did not take
Towards the door we never opened
Into the rose-garden. My words echo
Thus, in your mind.
                    But to what purpose
Disturbing the dust on a bowl of rose-leaves
I do not know.
                    Other echoes
Inhabit the garden. Shall we follow?
Quick, said the bird, find them, find them,
Round the corner. Through the first gate,
Into our first world, shall we follow
The deception of the thrush? Into our first world.
There they were, dignified, invisible,
Moving without pressure, over the dead leaves,
In the autumn heat, through the vibrant air,

Burnt Norton

I

Os tempos presente e passado
Estão talvez presentes no tempo futuro,
E o futuro, contido no tempo passado.
Se todo o tempo é presente eternamente
O tempo é todo irredimível.
O que poderia ter sido é abstração
Permanece perpétua a possibilidade
Somente num mundo de especulação.
O que poderia ter sido e o que foi
Apontam a um só fim, que é sempre presente.
Passos ecoam na memória
No corredor que não percorremos
Rumo à porta que jamais abrimos
Para o jardim de rosas. Minhas palavras ecoam
Assim, na tua mente.
     Mas com que propósito
Perturbar a poeira num prato de folhas de rosas
Não sei.
   Outros ecos
Habitam o jardim. Seguiremos?
Corra, disse a ave, atrás deles, atrás deles,
Logo ali. Pelo primeiro portão,
A nosso mundo primeiro, seguiremos
O engodo do tordo? A nosso mundo primeiro.
Lá estavam, dignos, invisíveis,
Movimento sem pressão, por sobre as folhas mortas,
No calor do outono, no ar que vibrava,

*And the bird called, in response to
The unheard music hidden in the shrubbery,
And the unseen eyebeam crossed, for the roses
Had the look of flowers that are looked at.
There they were as our guests, accepted and accepting.
So we moved, and they, in a formal pattern,
Along the empty alley, into the box circle,
To look down into the drained pool.
Dry the pool, dry concrete, brown edged,
And the pool was filled with water out of sunlight,
And the lotos rose, quietly, quietly,
The surface glittered out of heart of light,
And they were behind us, reflected in the pool.
Then a cloud passed, and the pool was empty.
Go, said the bird, for the leaves were full of children,
Hidden excitedly, containing laughter.
Go, go, go, said the bird: human kind
Cannot bear very much reality.
Time past and time future
What might have been and what has been
Point to one end, which is always present.*

II

*Garlic and sapphires in the mud
Clot the bedded axle-tree.
The trilling wire in the blood
Sings below inveterate scars
Appeasing long forgotten wars.
The dance along the artery*

E a ave chamou, em resposta à
Música inaudita escondida no arbusto,
E o feixe invisível do olho cruzou-se, pois as rosas
A olhos vistos pareceram flores vistas.
Lá estavam como nossos hóspedes, aceitos e aceitando.
Então andamos nós, e eles, em padrão formal,
Pela aleia vazia, rumo ao círculo enquadrado,
Para olhar na piscina drenada.
Seca a piscina, o concreto seco, cingido castanho,
E encheu-se a piscina de água do sol,
E o lótus subiu, em silêncio, em silêncio,
Brilhou a superfície com o coração da luz,
E eles por trás de nós, refletidos na piscina.
Então uma nuvem passou, e a piscina estava vazia.
Vá, disse a ave, pois as folhas eram cheias de crianças,
Escondidas empolgadas, contendo a risada.
Vá, vá, vá, disse a ave: a humanidade
Não suporta tamanha realidade.
Os tempos passado e futuro
O que poderia ter sido e o que foi
Apontam a um só fim, que é sempre presente.

II

Safiras e alho na lama
Cumulam o eixo encravado.
O cabo que trina no sangue
Canta sob escaras inveteradas
Aplacando guerras deslembradas.
A dança ao longo de uma artéria

The circulation of the lymph
Are figured in the drift of stars
Ascend to summer in the tree
We move above the moving tree
In light upon the figured leaf
And hear upon the sodden floor
Below, the boarhound and the boar
Pursue their pattern as before
But reconciled among the stars.

At the still point of the turning world. Neither flesh nor fleshless;
Neither from nor towards; at the still point, there the dance is,
But neither arrest nor movement. And do not call it fixity,
Where past and future are gathered. Neither movement from nor
[towards,
Neither ascent nor decline. Except for the point, the still point,
There would be no dance, and there is only the dance.
I can only say, there *we have been: but I cannot say where.*
And I cannot say, how long, for that is to place it in time.
The inner freedom from the practical desire,
The release from action and suffering, release from the inner
And the outer compulsion, yet surrounded
By a grace of sense, a white light still and moving,
Erhebung *without motion, concentration*
Without elimination, both a new world
And the old made explicit, understood
In the completion of its partial ecstasy,
The resolution of its partial horror.
Yet the enchainment of past and future

A linfática circulação
Figuram-se no andar dos astros
Ascendem ao verão na árvore
Passamos sobre a árvore móvel
Na luz da folha figurada
E ouvimos no alagado chão
Embaixo, o javali e o cão
Que seguem sempre seu padrão
Mas se harmonizam entre os astros.

No ponto imóvel do mundo que gira. Nem de carne nem sem;
Nem ida nem vinda; no ponto imóvel, lá está a dança,
Mas nem suspensão nem movimento. E não chame fixidez,
Onde passado e futuro se juntam. Movimento de ida nem
                                                   [vinda,
Ascensão nem declínio. Não fosse o ponto, ponto imóvel,
Não haveria dança, e há somente a dança.
Posso apenas dizer, *lá* estivemos: mas não posso dizer onde.
E não posso dizer por quanto, pois é localizar no tempo.
Internamente livre do desejo prático,
Libertação de ação e dor, libertação de interna
E externa compulsão, cercada entanto
Por uma graça de sentido, luz branca fixa e móvel,
Erhebung sem moção, concentração
Sem eliminação, tanto um mundo novo
Quanto o velho feito claro, entendido
Na ultimação de seu êxtase parcial,
Resolução do parcial horror.
Só que a cadeia passado e futuro

Woven in the weakness of the changing body,
Protects mankind from heaven and damnation
Which flesh cannot endure.
                              Time past and time future
Allow but a little consciousness.
To be conscious is not to be in time
But only in time can the moment in the rose-garden,
The moment in the arbour where the rain beat,
The moment in the draughty church at smokefall
Be remembered; involved with past and future.
Only through time time is conquered.

III

Here is a place of disaffection
Time before and time after
In a dim light: neither daylight
Investing form with lucid stillness
Turning shadow into transient beauty
With slow rotation suggesting permanence
Nor darkness to purify the soul
Emptying the sensual with deprivation
Cleansing affection from the temporal.
Neither plenitude nor vacancy. Only a flicker
Over the strained time-ridden faces
Distracted from distraction by distraction
Filled with fancies and empty of meaning
Tumid apathy with no concentration
Men and bits of paper, whirled by the cold wind
That blows before and after time,

Tramada em fraqueza do corpo mudável,
Protege a humanidade de céu e danação
Que a carne não suporta.
                              Os tempos passado e futuro
Permitem limitada consciência.
Ter consciência é não estar no tempo
Mas só no tempo podem o momento no jardim de rosas,
O momento na pérgula batida de chuva,
O momento na igreja fria, noite plena,
Ser lembrados; enleados em passado e futuro.
Só pelo tempo tempo é conquistado.

III

Aqui é ponto de insatisfação
Tempo antes e tempo depois
Em luz fraca: nem o dia
Vestindo a forma em lúcida imobilidade
Tornando a sombra beleza fugaz
Com lenta rotação insinuando permanência
Nem trevas para depurar a alma
Esvaziando o sensual com privação
Purgando o temporal do afeto.
Nem plenitude nem vazio. Mero relance
Das tensas faces eivadas de tempo
Distraídas da distração por distrações
Plenas de imagens e ocas de sentido
Túmida apatia sem concentração
Homens e pedaços de papel, no vórtice do vento frio
Que sopra antes e depois do tempo,

Wind in and out of unwholesome lungs
Time before and time after.
Eructation of unhealthy souls
Into the faded air, the torpid
Driven on the wind that sweeps the gloomy hills of London,
Hampstead and Clerkenwell, Campden and Putney,
Highgate, Primrose and Ludgate. Not here
Not here the darkness, in this twittering world.
Descend lower, descend only
Into the world of perpetual solitude,
World not world, but that which is not world,
Internal darkness, deprivation
And destitution of all property,
Desiccation of the world of sense,
Evacuation of the world of fancy,
Inoperancy of the world of spirit;
This is the one way, and the other
Is the same, not in movement
But abstention from movement; while the world moves
In appetency, on its metalled ways
Of time past and time future.

IV

Time and the bell have buried the day,
The black cloud carries the sun away.
Will the sunflower turn to us, will the clematis
Stray down, bend to us; tendril and spray

Vento que entra e que sai de pulmões doentios
Tempo antes e tempo depois.
Eructação de doentias almas
No ar apagado, o entorpecido
Levado pelo vento que varre os morros sombrios de
                                      [Londres,
Hampstead e Clerkenwell, Campden e Putney,
Highgate, Primrose e Ludgate. Não aqui
Não aqui as trevas, neste mundo gorjeante.
Descer mais, descer somente
Ao mundo de perpétua solidão,
Mundo não mundo, mas aquilo que mundo não seja,
Interna escuridão, privação
Destituição de toda propriedade,
Dessecação do mundo dos sentidos,
Evacuação do mundo das imagens,
Inoperância do mundo do espírito;
É este o caminho e só, e o outro
É o mesmo, não no movimento
Mas abstenção de movimento; enquanto o mundo move-se
Na apetência, em suas trilhas metálicas
De tempos passado e futuro.

IV

O tempo e o sino enterraram a hora,
A nuvem negra leva o sol embora.
Será que o girassol nos olhará, que a clematite
Descerá, curvada; gavinha e flora,

Clutch and cling?
Chill
Fingers of yew be curled
Down on us? After the kingfisher's wing
Has answered light to light, and is silent, the light is still
At the still point of the turning world.

V

Words move, music moves
Only in time; but that which is only living
Can only die. Words, after speech, reach
Into the silence. Only by the form, the pattern,
Can words or music reach
The stillness, as a Chinese jar still
Moves perpetually in its stillness.
Not the stillness of the violin, while the note lasts,
Not that only, but the co-existence,
Or say that the end precedes the beginning,
And the end and the beginning were always there
Before the beginning and after the end.
And all is always now. Words strain,
Crack and sometimes break, under the burden,
Under the tension, slip, slide, perish,
Decay with imprecision, will not stay in place,
Will not stay still. Shrieking voices
Scolding, mocking, or merely chattering,
Always assail them. The Word in the desert
Is most attacked by voices of temptation,

Em aperto opressor?
Frios dedos nus
Ramo do teixo se atira
Sobre nós? Depois que a asa do martim-pescador
Respondeu com luz à luz e calou, resta imóvel a luz
No ponto imóvel do mundo que gira.

V

Palavras se movem, música move
Somente no tempo; mas aquilo que é só vida
Pode só morrer. Palavras, faladas, se calam
Silentes. Somente pela forma, padrão,
É que música ou palavras calam
Fundo na imobilidade, como vaso chinês imóvel
Perpetuamente move-se imovível.
Não como o violino, enquanto dura a nota,
Não isso apenas, mas coexistência,
Ou digamos que o fim precede o princípio,
E que fim e princípio estiveram sempre lá
Antes do princípio e depois do fim.
E tudo é sempre agora. Palavras tentam,
Tensas chegam a quebrar, com o fardo
A pressão, deslizam, resvalam, perecem,
Decaem com imprecisões, se negam a restar,
Se negam a parar. Agudas vozes que
Ralham, que riem, ou somente falam,
Assolam-nas sempre. O Verbo no deserto
É mais o alvo de vozes tentadoras,

The crying shadow in the funeral dance,
The loud lament of the disconsolate chimera.

The detail of the pattern is movement,
As in the figure of the ten stairs.
Desire itself is movement
Not in itself desirable;
Love is itself unmoving,
Only the cause and end of movement,
Timeless, and undesiring
Except in the aspect of time
Caught in the form of limitation
Between un-being and being.
Sudden in a shaft of sunlight
Even while the dust moves
There rises the hidden laughter
Of children in the foliage
Quick now, here, now, always —
Ridiculous the waste sad time
Stretching before and after.

Gritante sombra no balé funéreo,
Lamento estrondoso da aflita quimera.

O detalhe do padrão é movimento,
Como na figura das dez escadarias.
O próprio desejo é movimento
Não por si só desejável;
O amor é por si só imóvel,
É causa apenas, fim, do movimento,
Atemporal e indesejante
Exceto no aspecto de tempo
Apreendido em forma de limite
Entre o não ser e o ser.
Súbito num feixe de sol
Ainda enquanto o pó se move
Eleva-se oculta risada
De crianças na ramagem
Rápida agora, aqui, agora, sempre —
Ridícula a perda triste tempo
Antes e depois se estendendo.

East Coker

I

In my beginning is my end. In succession
Houses rise and fall, crumble, are extended,
Are removed, destroyed, restored, or in their place
Is an open field, or a factory, or a by-pass.
Old stone to new building, old timber to new fires,
Old fires to ashes, and ashes to the earth
Which is already flesh, fur, and faeces,
Bone of man and beast, cornstalk and leaf.
Houses live and die: there is a time for building
And a time for living and for generation
And a time for the wind to break the loosened pane
And to shake the wainscot where the field-mouse trots
And to shake the tattered arras woven with a silent motto.

In my beginning is my end. Now the light falls
Across the open field, leaving the deep lane
Shuttered with branches, dark in the afternoon,
Where you lean against a bank while a van passes,
And the deep lane insists on the direction
Into the village, in the electric heat
Hypnotised. In a warm haze the sultry light
Is absorbed, not refracted, by grey stone.
The dahlias sleep in the empty silence.
Wait for the early owl.

                              In that open field
If you do not come too close, if you do not come too close,

East Coker

I

Em meu princípio está meu fim. Constantemente
Casas surgem, casas caem, desmoronam, ampliadas,
Retiradas, destruídas, restauradas, ou trocadas
Por campo aberto ou fábrica, uma estrada.
Pedra velha a prédio novo, lenha velha a novos fogos,
Fogos velhos a cinzas, e cinzas à terra
Que é já carne, couro e excremento,
Ossos de homem e bicho, caule de milho e de folha.
Casas vivem, casas morrem: há tempo de erguer
E tempo de viver e de gerar
E tempo para o vento quebrar o vidro solto
E sacudir os lambris onde trota o rato do campo
E sacudir os trapos da tapeçaria tecida em lema mudo.

Em meu princípio está meu fim. Agora cai a luz
No campo aberto, deixando a funda viela
Cerrada de ramos, escura na tarde,
Onde você se apoia num banco ao passar um furgão,
E a funda viela insiste na direção
Que leva ao vilarejo, no elétrico calor
Hipnotizada. Numa cálida névoa a luz abafada
É absorvida, não refratada, pela pedra gris.
As dálias dormem em silêncio vácuo.
Esperam a primeira coruja.

                     Naquele campo aberto
Se não se aproximar demais, se não se aproximar demais,

On a summer midnight, you can hear the music
Of the weak pipe and the little drum
And see them dancing around the bonfire
The association of man and woman
In daunsinge, signifying matrimonie —
A dignified and commodious sacrament.
Two and two, necessarye coniunction,
Holding eche other by the hand or the arm
Whiche betokeneth concorde. Round and round the fire
Leaping through the flames, or joined in circles,
Rustically solemn or in rustic laughter
Lifting heavy feet in clumsy shoes,
Earth feet, loam feet, lifted in country mirth
Mirth of those long since under earth
Nourishing the corn. Keeping time,
Keeping the rhythm in their dancing
As in their living in the living seasons
The time of the seasons and the constellations
The time of milking and the time of harvest
The time of the coupling of man and woman
And that of beasts. Feet rising and falling.
Eating and drinking. Dung and death.

Dawn points, and another day
Prepares for heat and silence. Out at sea the dawn wind
Wrinkles and slides. I am here
Or there, or elsewhere. In my beginning.

Numa noite de verão, você pode ouvir a música
Da fraca flauta e de um tambor pequeno
Vê-los dançando à roda da fogueira
Associação de homem e mulher
Na dansa, manjfestaçam do matrimonjo —
Um digno e conveniente sacramento.
Dois a dois, conjunçam neçessaira,
Seguram-se nas mãos, ou braços,
Oque demõstra comcordia. À roda, à roda da fogueira
Saltando as chamas, ou juntos em círculo,
Rusticamente solenes, ou rústicos rindo
Erguendo pés pesados em sapatos toscos,
Pés de terra, pés de barro, erguidos em prazer aldeão
Prazer de quem há muito jaz no chão
Nutrindo o milho. Marcando o tempo,
Marcando o compasso na dança
Como quando viveram nas vivas estações
O tempo de estações e de constelações
O tempo de ordenha e tempo de colheita
O tempo do acasalamento, de homem e mulher,
E o dos bichos. Pés subindo, pés descendo.
Comendo e bebendo. Esterco e morte.

Aponta a aurora, e um outro dia
Para calor e silêncio prepara. Mar alto, o vento cedo
Enruga-se e resvala. Estou aqui
Ou lá, ou noutra parte. Em meu princípio.

II

What is the late November doing
With the disturbance of the spring
And creatures of the summer heat,
And snowdrops writhing under feet
And hollyhocks that aim too high
Red into grey and tumble down
Late roses filled with early snow?
Thunder rolled by the rolling stars
Simulates triumphal cars
Deployed in constellated wars
Scorpion fights against the Sun
Until the Sun and Moon go down
Comets weep and Leonids fly
Hunt the heavens and the plains
Whirled in a vortex that shall bring
The world to that destructive fire
Which burns before the ice-cap reigns.

That was a way of putting it — not very satisfactory:
A periphrastic study in a worn-out poetical fashion,
Leaving one still with the intolerable wrestle
With words and meanings. The poetry does not matter.
It was not (to start again) what one had expected.
What was to be the value of the long looked forward to,
Long hoped for calm, the autumnal serenity
And the wisdom of age? Had they deceived us,
Or deceived themselves, the quiet-voiced elders,
Bequeathing us merely a receipt for deceit?
The serenity only a deliberate hebetude,

II

O que tardio novembro então fará
Com a perturbação da primavera
E criaturas quentes do verão
E neve contorcendo-se no chão
E malvas que querem subir demais
De rubras a cinzentas e esmorecem
Tardias rosas na precoce neve?
Trovão rolado por astros rolantes
Simula carruagens triunfantes
Empregadas em guerras consteladas
Escorpião em luta contra o Sol
Até que Sol e Lua caiam sós
Cometas chorem, voem as Leônidas
Persigam céus e planícies terrenas
Giradas por um vórtice que há de
Levar o mundo ao fogo destrutivo
Que arde antes de o gelo ter seu reino.

Foi um modo de dizer — não tão satisfatório:
Estudo perifrástico num veio poético gasto,
Que ainda nos deixa com a intolerável luta
Com palavras e sentidos. A poesia não importa.
Não era (para começar de novo) o que se esperava.
Qual seria o valor da que se há muito aguarda,
Que se há muito espera, calma, outonal serenidade
E sabedoria da idade? Terão nos enganado,
Ou a si próprios, os anciãos de voz serena,
Legando-nos mero recibo que exibo?
A serenidade era mera deliberada hebetude,

*The wisdom only the knowledge of dead secrets
Useless in the darkness into which they peered
Or from which they turned their eyes. There is, it seems to us,
At best, only a limited value
In the knowledge derived from experience.
The knowledge imposes a pattern, and falsifies,
For the pattern is new in every moment
And every moment is a new and shocking
Valuation of all we have been. We are only undeceived
Of that which, deceiving, could no longer harm.
In the middle, not only in the middle of the way
But all the way, in a dark wood, in a bramble,
On the edge of a grimpen, where is no secure foothold,
And menaced by monsters, fancy lights,
Risking enchantment. Do not let me hear
Of the wisdom of old men, but rather of their folly,
Their fear of fear and frenzy, their fear of possession,
Of belonging to another, or to others, or to God.
The only wisdom we can hope to acquire
Is the wisdom of humility: humility is endless.*

The houses are all gone under the sea.

The dancers are all gone under the hill.

III

*O dark dark dark. They all go into the dark,
The vacant interstellar spaces, the vacant into the vacant,
The captains, merchant bankers, eminent men of letters,*

Sabedoria era mera ciência de mortos segredos
Inúteis nas trevas em que espreitavam
Ou de onde miravam. Há, ao que nos parece,
No máximo, apenas um valor limitado
Na ciência derivada da experiência.
A ciência impõe padrão e falsifica,
Pois o padrão é novo a cada momento
E cada momento é nova e escandalosa
Avaliação de tudo que fomos. Só não nos engana
Aquilo que, enganando, não mais pode fazer mal.
No meio, não só no meio do caminho
Mas no caminho todo, em mata escura, em espinheiro,
Na beira do charco, onde não há passo certo,
Ameaçado por monstros, luzes espectrais,
Com o risco do encanto. Não me façam ouvir
Sobre a sabedoria dos velhos, mas sim sua tolice,
Seu medo de medo e loucura, seu medo da posse,
De pertencer a um outro, ou outros, ou a Deus.
A única sabedoria que podemos esperar ganhar
É a sabedoria da humildade: a humildade é sem fim.

As casas somem todas sob o mar.

A dança some inteira sob o morro.

III

Ó breu, breu, breu. Vão todos para o breu,
Vazios espaços interestelares, vazio vai ao vazio,
Os capitães, banqueiros mercantis, eminentes letrados,

The generous patrons of art, the statesmen and the rulers,
Distinguished civil servants, chairmen of many committees,
Industrial lords and petty contractors, all go into the dark,
And dark the Sun and Moon, and the Almanach de Gotha
And the Stock Exchange Gazette, the Directory of Directors,
And cold the sense and lost the motive of action.
And we all go with them, into the silent funeral,
Nobody's funeral, for there is no one to bury.
I said to my soul, be still, and let the dark come upon you
Which shall be the darkness of God. As, in a theatre,
The lights are extinguished, for the scene to be changed
With a hollow rumble of wings, with a movement of darkness on
                                                    [darkness,
And we know that the hills and the trees, the distant panorama
And the bold imposing façade are all being rolled away —
Or as, when an underground train, in the tube, stops too long
                                                    [between stations
And the conversation rises and slowly fades into silence
And you see behind every face the mental emptiness deepen
Leaving only the growing terror of nothing to think about;
Or when, under ether, the mind is conscious but conscious of
                                                    [nothing —
I said to my soul, be still, and wait without hope
For hope would be hope for the wrong thing; wait without love
For love would be love of the wrong thing; there is yet faith
But the faith and the love and the hope are all in the waiting.
Wait without thought, for you are not ready for thought:

Generosos patronos das artes, estadistas, soberanos,
Distintos funcionários, presidentes de tantos comitês,
Senhores de indústria e mesquinhos empreiteiros, todos
[para o breu,
E breu o Sol e Lua, e o Almanaque de Gotha
E a Gazeta da Bolsa, o Diretório dos Diretores,
E frio o sentido e perdido o motivo de ação.
E nós todos com eles, para o mudo funeral,
Que é de ninguém, pois que ninguém vai se enterrar.
Eu disse a minha alma, calma, e deixe que o breu te
[envolva
Que será as trevas de Deus. Como, num teatro,
Apagam-se as luzes, para trocar-se o cenário
Com oco rumor de bastidores, trevas movendo-se em
[trevas,
E sabemos que morros e árvores, panorama distante,
E a fachada imponente estão sendo recolhidos —
Ou como, quando um trem, no metrô, detém-se tempo
[demais entre estações
E a conversa aumenta e lenta some no silêncio
E você vê por trás de cada rosto o vazio mental se
[aprofundar
Deixando apenas o terror maior de nada em que pensar;
Ou quando, eterizada, a mente é consciente mas consciente
[de nada —
Eu disse a minha alma, calma, e espere sem esperança
Pois esperança seria esperar a coisa errada; espere sem
[amor
Pois amor seria amar a coisa errada; ainda há fé
Mas a fé e o amor e a esperança existem apenas na espera.
Espere sem pensar, pois você não está pronta para pensar:

So the darkness shall be the light, and the stillness the dancing.
Whisper of running streams, and winter lightning.
The wild thyme unseen and the wild strawberry,
The laughter in the garden, echoed ecstasy
Not lost, but requiring, pointing to the agony
Of death and birth.

                                      You say I am repeating
Something I have said before. I shall say it again.
Shall I say it again? In order to arrive there,
To arrive where you are, to get from where you are not,
      You must go by a way wherein there is no ecstasy.
In order to arrive at what you do not know
      You must go by a way which is the way of ignorance.
In order to possess what you do not possess
      You must go by the way of dispossession.
In order to arrive at what you are not
      You must go through the way in which you are not.
And what you do not know is the only thing you know
And what you own is what you do not own
And where you are is where you are not.

IV

The wounded surgeon plies the steel
That questions the distempered part;
Beneath the bleeding hands we feel
The sharp compassion of the healer's art
Resolving the enigma of the fever chart.

E as trevas serão a luz, e a imobilidade a dança.
Sussurro de riachos e relâmpago de inverno,
Tomilho selvagem não visto e morango selvagem.
O riso no jardim, um êxtase ecoado
Não perdido, mas pedindo, indicando a agonia
De morte e parto.

                        Você diz que repito
Coisa que já disse antes. Direi de novo.
Digo de novo? Para poder chegar lá,
Para chegar aonde está, para sair de onde não está,
    Você tem de seguir uma via onde não existe êxtase.
Para chegar ao que não sabe
    Você tem de seguir um caminho que é caminho de
                                        [ignorância.
Para possuir o que não possui
    Você tem de seguir o caminho da privação.
Para chegar ao que não é
    Você precisa passar pelo caminho em que você não está.
E o que você não sabe é a única coisa que sabe
E o que você tem é o que você não tem
E onde você está é onde não está.

IV

O médico ferido enverga o aço
Que interroga a parte destemperada;
Nas mãos sangrentas sentimos um traço,
Em sua arte, da compaixão aguçada
Que resolve o enigma da febre registrada.

Our only health is the disease
If we obey the dying nurse
Whose constant care is not to please
But to remind of our, and Adam's curse,
And that, to be restored, our sickness must grow worse.

The whole earth is our hospital
Endowed by the ruined millionaire,
Wherein, if we do well, we shall
Die of the absolute paternal care
That will not leave us, but prevents us everywhere.

The chill ascends from feet to knees,
The fever sings in mental wires.
If to be warmed, then I must freeze
And quake in frigid purgatorial fires
Of which the flame is roses, and the smoke is briars.

The dripping blood our only drink,
The bloody flesh our only food:
In spite of which we like to think
That we are sound, substantial flesh and blood —
Again, in spite of that, we call this Friday good.

V

So here I am, in the middle way, having had twenty years —
Twenty years largely wasted, the years of l'entre deux guerres —

Só há saúde em nosso padecer;
Ouvir a moribunda, cuja missão
Como enfermeira, é não satisfazer,
Mas evocar a nossa praga e a de Adão,
E que, para haver cura, há deterioração.

Bancada por falido milionário,
Nos serve a Terra toda de hospital
Onde, se formos bem, pelo contrário
Morremos da atenção paterna mais total,
Que não nos deixa, mas detém-nos em qualquer local.

Dos pés às pernas sinto o frio montar,
A febre canta em cabos cerebrais
Por me aquecer, preciso congelar
Tremer em gélidas fogueiras purgatoriais
Das quais a chama é rosas, e a fumaça, espinheirais.

Pingando, apenas sangue por bebida,
Sangrando, apenas carne de alimento:
Malgrado a nossa ideia preferida
De sermos sangue e carne que levanta —
Malgrado tudo, a sexta-feira nós dizemos santa.

V

Pois eis-me aqui, na via do meio, depois que vinte anos eu
                                      [tiver —
Vinte anos em grande medida perdidos, os anos de *l'entre*
                                      [*deux guerres* —

Trying to learn to use words, and every attempt
Is a wholly new start, and a different kind of failure
Because one has only learnt to get the better of words
For the thing one no longer has to say, or the way in which
One is no longer disposed to say it. And so each venture
Is a new beginning, a raid on the inarticulate
With shabby equipment always deteriorating
In the general mess of imprecision of feeling,
Undisciplined squads of emotion. And what there is to conquer
By strength and submission, has already been discovered
Once or twice, or several times, by men whom one cannot hope
To emulate — but there is no competition —
There is only the fight to recover what has been lost
And found and lost again and again: and now, under conditions
That seem unpropitious. But perhaps neither gain nor loss.
For us, there is only the trying. The rest is not our business.

Home is where one starts from. As we grow older
The world becomes stranger, the pattern more complicated
Of dead and living. Not the intense moment
Isolated, with no before and after,
But a lifetime burning in every moment
And not the lifetime of one man only
But of old stones that cannot be deciphered.
There is a time for the evening under starlight,
A time for the evening under lamplight
(The evening with the photograph album).
Love is most nearly itself

Tentando aprender a usar palavras, e cada tentativa
É um princípio todo novo e novo tipo de fracasso
Porque só aprendemos a tirar o melhor das palavras
Para o que não mais se quer dizer, ou a forma de dizer
Que não se pretende usar mais. E assim cada ventura
É um novo começo, ataque ao inarticulado
Com roto equipamento sempre mais deteriorado
Na barafunda geral da imprecisão de sentimento,
Rebeldes esquadrões de emoção. E o que há por conquistar
Por força e por submissão, já foi descoberto
Uma ou duas, muitas vezes, por homens que não temos
                                        [esperança
De emular — mas não há competição —
Somente existe a luta por recuperar o que se perdeu
E se encontrou e se perdeu vezes sem fim: e agora, em
                                        [condições
Que não parecem propícias. Mas talvez nem perda nem ganho.
Para nós, existe apenas tentativa. O resto não nos cabe.

Lar é de onde se parte. Envelhecemos
E o mundo faz-se mais estranho, mais complexo, o padrão
De mortos e vivos. Não o intenso momento
Isolado, sem antes nem depois,
Mas uma vida ardendo em cada momento
E não a vida de um só homem
Mas de pedras antigas, que não podemos decifrar.
Há tempo para a noite sob a luz de estrelas,
E tempo para a noite sob a luz da lâmpada
(A noite com o álbum de fotografias).
O amor é mais quase o que é

When here and now cease to matter.
Old men ought to be explorers
Here or there does not matter
We must be still and still moving
Into another intensity
For a further union, a deeper communion
Through the dark cold and empty desolation,
The wave cry, the wind cry, the vast waters
Of the petrel and the porpoise. In my end is my beginning.

Quando aqui e agora deixam de importar.
Os velhos devem ser exploradores
Aqui ou lá não importam
Devemos parar sem parar de andar
Rumo a outra intensidade
Para uma união maior, mais funda comunhão
Atravessando o frio mais negro e o mais vazio da angústia,
Grito de onda, grito de vento, vastas águas
De petréis e de golfinhos. Em meu fim está o meu princípio.

The Dry Salvages

The Dry Salvages — presumably *les trois sauvages*
— is a small group of rocks, with a beacon,
off the N.E. coast of Cape Ann, Massachusetts.
Salvages is pronounced to rhyme with assuages.
Groaner: a whistling buoy.

I

*I do not know much about gods; but I think that the river
Is a strong brown god — sullen, untamed and intractable,
Patient to some degree, at first recognised as a frontier;
Useful, untrustworthy, as a conveyor of commerce;
Then only a problem confronting the builder of bridges.
The problem once solved, the brown god is almost forgotten
By the dwellers in cities — ever, however, implacable.
Keeping his seasons and rages, destroyer, reminder
Of what men choose to forget. Unhonoured, unpropitiated
By worshippers of the machine, but waiting, watching and waiting.
His rhythm was present in the nursery bedroom,
In the rank ailanthus of the April dooryard,
In the smell of grapes on the autumn table,
And the evening circle in the winter gaslight.*

*The river is within us, the sea is all about us;
The sea is the land's edge also, the granite
Into which it reaches, the beaches where it tosses*

The Dry Salvages

The Dry Salvages — presumivelmente les trois sauvages
*— são um pequeno grupo de rochas, com um farol, no litoral
nordeste de Cape Ann, em Massachusetts.*
Salvages *pronuncia-se rimando com* assuages.
Groaner: *uma boia com um apito.*

I

Eu pouco sei de deuses; mas acho que o rio
É um forte deus marrom — casmurro, indômito e
[intratável,
Tolerante em dada medida, de início tido por fronteira;
Útil, traiçoeiro, como transporte do comércio;
Depois apenas um problema posto ao construtor de pontes.
Problema resolvido, o deus marrom resta quase esquecido
Por quem reside nas cidades — sempre, contudo, implacável,
Guardando estações e furores, destrutivo, lembrete
Do que os homens preferem esquecer. Sem honras, oferendas
De quem adora máquinas, mas à espera, à espreita e à espera.
Seu ritmo se fez presente no berçário,
No fétido ailanto no jardim de abril,
No cheiro de uvas na mesa de outono,
E no círculo noturno à luz de gás no inverno.

O rio é por dentro de nós; o mar é todo o entorno;
O mar é a borda da terra também, o granito
A que se espraia, as praias onde verte

Its hints of earlier and other creation:
The starfish, the horseshoe crab, the whale's backbone;
The pools where it offers to our curiosity
The more delicate algae and the sea anemone.
It tosses up our losses, the torn seine,
The shattered lobsterpot, the broken oar
And the gear of foreign dead men. The sea has many voices,
Many gods and many voices.
                              The salt is on the briar rose,
The fog is in the fir trees.
                    The sea howl
And the sea yelp, are different voices
Often together heard: the whine in the rigging,
The menace and caress of wave that breaks on water,
The distant rote in the granite teeth,
And the wailing warning from the approaching headland
Are all sea voices, and the heaving groaner
Rounded homewards, and the seagull:
And under the oppression of the silent fog
The tolling bell
Measures time not our time, rung by the unhurried
Ground swell, a time
Older than the time of chronometers, older
Than time counted by anxious worried women
Lying awake, calculating the future,
Trying to unweave, unwind, unravel
And piece together the past and the future,
Between midnight and dawn, when the past is all deception,
The future futureless, before the morning watch
When time stops and time is never ending;

Sugestões de mais velhas e mais várias criações:
A estrela marinha, o límulo, a espinha da baleia;
Piscinas onde oferta a nossa curiosidade
Mais delicadas algas e anêmonas marinhas.
E verte o que se perde, a varredoura rota,
Partida armadilha de lagostas, o remo rompido
E apetrechos de estrangeiros mortos. O mar tem muitas vozes,
Muitos deuses, muitas vozes.
                        O sal está na rosa mosqueta,
A névoa, nos abetos.
                O mar uiva
E o mar gane, são vozes diversas
Que várias vezes soam juntas: gemido no cordame,
Ameaça e carícia da onda que irrompe na água,
Troar do mar distante nos graníticos dentes,
E o grito de alerta da terra que chega
São todos vozes de mar, e a boia que silva
Aboiada para casa, e a gaivota:
E sob a opressão da névoa muda
O sino que bate
Mede um tempo não nosso, soado pela calma
Onda cheia, um tempo
Mais velho que o tempo dos cronômetros, mais velho
Que o tempo contado por aflitas mulheres preocupadas
Despertas na cama, contando o futuro,
Tentando destecer, desenredar, desvendar
E remontar o passado, o futuro,
Entre meia-noite e aurora, quando o passado é todo engano,
O futuro, sem futuro, antes da vigia da manhã
Quando o tempo para e quando o tempo é sem fim;

And the ground swell, that is and was from the beginning,
Clangs
The bell.

II

Where is there an end of it, the soundless wailing,
The silent withering of autumn flowers
Dropping their petals and remaining motionless;
Where is there an end to the drifting wreckage,
The prayer of the bone on the beach, the unprayable
Prayer at the calamitous annunciation?

There is no end, but addition: the trailing
Consequence of further days and hours,
While emotion takes to itself the emotionless
Years of living among the breakage
Of what was believed in as the most reliable —
And therefore the fittest for renunciation.

There is the final addition, the failing
Pride or resentment at failing powers,
The unattached devotion which might pass for devotionless,
In a drifting boat with a slow leakage,
The silent listening to the undeniable
Clamour of the bell of the last annunciation.

Where is the end of them, the fishermen sailing
Into the wind's tail, where the fog cowers?
We cannot think of a time that is oceanless

E a onda cheia, que é e foi desde o princípio,
Dobra
O sino.

II

Onde o seu fim, esse grito calado,
Murchar silencioso e outonal da flora
Perdendo pétalas, restando sempre imóvel;
Onde o fim desses destroços à deriva,
Da oração dos ossos na praia, irrogável
Oração à calamitosa anunciação?

Não há seu fim, mas soma: o agregado
Efeito de mais dias e mais horas,
Quando a emoção adota o que não se comove
Os anos de viver entre os cacos daquilo
Que se acreditava ser o mais fiável —
E é, logo, mais provável como abdicação.

Esta, a soma final, o alquebrado
Orgulho ou rancor contra forças que mal vigoram,
Liberta devoção que pode nem ter ar devoto,
Num barco que lento faz água à deriva,
A muda escuta do inegável
Clamor do sino da final anunciação.

Onde o seu fim, dos homens que têm navegado
Pescando atrás do vento, onde a névoa se ancora?
Sabemos que tempo sem mar não se prova,

*Or of an ocean not littered with wastage
Or of a future that is not liable
Like the past, to have no destination.*

*We have to think of them as forever bailing,
Setting and hauling, while the North East lowers
Over shallow banks unchanging and erosionless
Or drawing their money, drying sails at dockage;
Not as making a trip that will be unpayable
For a haul that will not bear examination.*

*There is no end of it, the voiceless wailing,
No end to the withering of withered flowers,
To the movement of pain that is painless and motionless,
To the drift of the sea and the drifting wreckage,
The bone's prayer to Death its God. Only the hardly, barely prayable
Prayer of the one Annunciation.*

*It seems, as one becomes older,
That the past has another pattern, and ceases to be a mere
                                          [sequence —
Or even development: the latter a partial fallacy
Encouraged by superficial notions of evolution,
Which becomes, in the popular mind, a means of disowning the
                                                    [past.
The moments of happiness — not the sense of well-being,
Fruition, fulfilment, security or affection,
Or even a very good dinner, but the sudden illumination —
We had the experience but missed the meaning,
And approach to the meaning restores the experience
In a different form, beyond any meaning*

Ou mar sem destroços perdidos,
Ou futuro em que não seja provável
Como no passado, não haver destinação.

Há que vê-los como eterno resultado,
De escoa, toa e carga, enquanto o vento apavora
Rasas margens que não mudam, não se erodem
Ou como quem pega a paga, seca velas na estiva;
Não como quem faz um frete que será impagável
Por uma carga que não tem apuração.

Não há seu fim, desse grito abafado,
Não há fim para o murchar da murcha flora
Movimento de dor que é sem dor e é imóvel,
Deriva do mar, do naufrágio à deriva,
A oração do osso à Morte é Deus. Mera e mal rogável
Oração da única Anunciação.

Parece, com o passar dos anos,
Que o passado tem outro padrão e deixa de ser mera
                               [sequência —
Ou mesmo desenvolvimento: este, uma falácia parcial
Encorajada por superficiais noções de evolução,
Que se torna, na mente popular, um meio de negar o
                               [passado.
Os momentos de felicidade — não a sensação de bem-estar,
Fruição, satisfação, de segurança ou de afeição,
Ou até um excelente jantar, mas a súbita iluminação —
Tivemos a experiência mas perdemos o sentido,
E abordar o sentido restaura a experiência
Numa forma diversa, além de qualquer sentido

*We can assign to happiness. I have said before
That the past experience revived in the meaning
Is not the experience of one life only
But of many generations — not forgetting
Something that is probably quite ineffable:
The backward look behind the assurance
Of recorded history, the backward half-look
Over the shoulder, towards the primitive terror.
Now, we come to discover that the moments of agony
(Whether, or not, due to misunderstanding,
Having hoped for the wrong things or dreaded the wrong things,
Is not in question) are likewise permanent
With such permanence as time has. We appreciate this better
In the agony of others, nearly experienced,
Involving ourselves, than in our own.
For our own past is covered by the currents of action,
But the torment of others remains an experience
Unqualified, unworn by subsequent attrition.
People change, and smile: but the agony abides.
Time the destroyer is time the preserver,
Like the river with its cargo of dead negroes, cows and chicken*
                                                                [*coops,*
*The bitter apple, and the bite in the apple.
And the ragged rock in the restless waters,
Waves wash over it, fogs conceal it;
On a halcyon day it is merely a monument,
In navigable weather it is always a seamark
To lay a course by: but in the sombre season
Or the sudden fury, is what it always was.*

Atribuível à felicidade. Eu disse antes
Que a experiência passada revivida no sentido
Não é experiência de uma vida apenas
Mas de muitas gerações — sem esquecer
Coisa que é provavelmente o seu tanto inefável:
O olhar para trás, por trás do conforto
Da história registrada, o meio olhar para trás
Sobre o ombro, para o terror primitivo.
Agora, descobrimos que os momentos de agonia
(Sejam, ou não, devidos à incompreensão,
A ter tido esperança na coisa errada, ou temido a coisa errada,
Não tem relevância) são também permanentes
Com permanência equivalente à do tempo. Apreciamos
                             [melhor esse fato
Na agonia alheia, quase sentida,
Que nos envolva, do que na nossa.
Pois nosso passado é coberto por correntes de ação.
Mas o tormento alheio permanece experiência
Inqualificada, indesgastada por posterior atrição.
As pessoas mudam e sorriem: mas a agonia resta.
Tempo, o destruidor, é tempo, o preservador,
Como o rio com sua carga de negros mortos, vacas,
                             [galinheiros,
A maçã amarga e a marca da mordida malsã.
E o rochedo cortante nas águas inquietas,
Ondas o varrem e névoas o ocultam;
Num dia melhor é mero monumento,
Em tempo navegável será sempre marco
Da rota adotada: mas na negra estação
Ou na fúria repentina, é o que foi sempre.

III

I sometimes wonder if that is what Krishna meant —
Among other things — or one way of putting the same thing:
That the future is a faded song, a Royal Rose or a lavender spray
Of wistful regret for those who are not yet here to regret,
Pressed between yellow leaves of a book that has never been opened.
And the way up is the way down, the way forward is the way back.
You cannot face it steadily, but this thing is sure,
That time is no healer: the patient is no longer here.
When the train starts, and the passengers are settled
To fruit, periodicals and business letters
(And those who saw them off have left the platform)
Their faces relax from grief into relief,
To the sleepy rhythm of a hundred hours.
Fare forward, travellers! not escaping from the past
Into different lives, or into any future;
You are not the same people who left that station
Or who will arrive at any terminus,
While the narrowing rails slide together behind you;
And on the deck of the drumming liner
Watching the furrow that widens behind you,
You shall not think 'the past is finished'
Or 'the future is before us'.
At nightfall, in the rigging and the aerial,
Is a voice descanting (though not to the ear,
The murmuring shell of time, and not in any language)

III

Às vezes penso se foi isso que Krishna quis dizer —
Entre outras coisas — ou um jeito de dizer a mesma coisa:
Que o futuro é canção apagada, uma Rosa Real ou ramo de
                                            [lavanda
De triste arrependimento por quem ainda não está aqui
                                          [para se arrepender,
Prensada entre páginas velhas de um livro que jamais foi
                                                [aberto.
E o caminho que sobe é o que desce, a via que vai é a volta.
Você não consegue encarar sem desvio, mas isto é seguro,
Que o tempo não cura: o paciente não está mais aqui.
Quando parte o trem, e os passageiros se acomodam
Com frutas, periódicos e cartas de comércio
(E os que se despediram deixaram a plataforma)
Seu rosto, de mágoa, relaxa no alívio,
No ritmo soporífico de centena de horas.
Passar em frente, viajantes! não fugindo ao passado
Para vidas diferentes, ou rumo a qualquer futuro;
Vocês não são as pessoas que saíram daquela estação
Ou as que vão chegar a algum terminal,
Enquanto trilhos que se estreitam escorregam atrás de vocês;
E no convés do navio de carreira
Olhando o sulco que se alarga atrás de vocês,
Vocês não vão pensar "o passado se encerrou"
Ou "o futuro está à nossa frente".
Ao cair da noite, no cordame ou nas antenas,
Fica uma voz, contracanto (mas não para o ouvido,
sussurrante concha do tempo, e não num idioma)

'Fare forward, you who think that you are voyaging;
You are not those who saw the harbour
Receding, or those who will disembark.
Here between the hither and the farther shore
While time is withdrawn, consider the future
And the past with an equal mind.
At the moment which is not of action or inaction
You can receive this: "on whatever sphere of being
The mind of a man may be intent
At the time of death"— that is the one action
(And the time of death is every moment)
Which shall fructify in the lives of others:
And do not think of the fruit of action.
Fare forward.
    O voyagers, O seamen,
You who came to port, and you whose bodies
Will suffer the trial and judgement of the sea,
Or whatever event, this is your real destination.'
So Krishna, as when he admonished Arjuna
On the field of battle.
    Not fare well,
But fare forward, voyagers.

IV

Lady, whose shrine stands on the promontory,
Pray for all those who are in ships, those
Whose business has to do with fish, and
Those concerned with every lawful traffic
And those who conduct them.

"Passar adiante, vocês que acham que estão viajando;
Vocês não são quem viu o porto
Se afastar, ou quem vai desembarcar.
Aqui entre a praia daqui e a de lá
Enquanto o tempo se recolhe, considerem futuro
E passado com mente equivalente.
No momento que não é de ação nem inação
Vocês podem receber isto: 'em qualquer esfera do ser
A que a mente de um homem esteja aplicada
Na hora da morte' — esta é a única ação
(E a hora da morte é cada momento)
Que frutificará nas vidas alheias:
E não pensem no fruto do ato.
Passar adiante.
    Ah viajantes, Ah marujos,
Vocês que vêm ao porto, e vocês cujos corpos
Sofrerão a prova e sentença do mar,
Ou qualquer evento, é este seu destino real."
Assim disse Krishna, como quando advertiu Arjuna
No campo de batalha.
    Não passar bem,
Mas passar adiante, viajantes.

IV

Senhora, cujo altar está no promontório,
Rogai por todos que estão nos navios, aqueles
Cujos negócios têm a ver com peixes, e
Aqueles ligados a todo comércio legal
E aqueles que os conduzem.

Repeat a prayer also on behalf of
Women who have seen their sons or husbands
Setting forth, and not returning:
Figlia del tuo figlio,
Queen of Heaven.

Also pray for those who were in ships, and
Ended their voyage on the sand, in the sea's lips
Or in the dark throat which will not reject them
Or wherever cannot reach them the sound of the sea bell's
Perpetual angelus.

V

To communicate with Mars, converse with spirits,
To report the behaviour of the sea monster,
Describe the horoscope, haruspicate or scry,
Observe disease in signatures, evoke
Biography from the wrinkles of the palm
And tragedy from fingers; release omens
By sortilege, or tea leaves, riddle the inevitable
With playing cards, fiddle with pentagrams
Or barbituric acids, or dissect
The recurrent image into pre-conscious terrors —
To explore the womb, or tomb, or dreams; all these are usual
Pastimes and drugs, and features of the press:
And always will be, some of them especially
When there is distress of nations and perplexity
Whether on the shores of Asia, or in the Edgware Road.
Men's curiosity searches past and future

Repeti uma oração também em nome das
Mulheres que viram seus filhos, maridos
Partirem, sem voltar:
Figlia del tuo figlio,
Rainha do Céu.

Rogai também por quem esteve nos navios e
Encerrou a viagem na areia, lábio do mar frio
Ou na gorja negra que não os rejeitará
Ou onde quer que não os possa alcançar o som do sino
Marinho em seu perpétuo Ângelus.

V

Comunicar com Marte, tratar com espíritos,
Relatar os hábitos do monstro marinho,
Traçar horóscopos, fadar, vaticinar,
Ver males em assinaturas, evocar
Biografias pelas riscas da mão
E tragédias, pelos dedos; arrancar presságios
Por sortilégios, ou folhas de chá, antever o inevitável
Com cartas de jogo, usar pentagramas
Ou ácidos barbitúricos, ou dissecar
A imagem recorrente em terrores pré-conscientes —
Explorar o ventre, a cova, ou sonhos; são todos comuns,
Passatempos e drogas, e artigos de imprensa:
E sempre serão, alguns especialmente
Quando há pesar nas nações e perplexidade
Seja nas praias da Ásia, ou na Edgware Road.
A curiosidade do homem revira passado e futuro

*And clings to that dimension. But to apprehend
The point of intersection of the timeless
With time, is an occupation for the saint —
No occupation either, but something given
And taken, in a lifetime's death in love,
Ardour and selflessness and self-surrender.
For most of us, there is only the unattended
Moment, the moment in and out of time,
The distraction fit, lost in a shaft of sunlight,
The wild thyme unseen, or the winter lightning
Or the waterfall, or music heard so deeply
That it is not heard at all, but you are the music
While the music lasts. These are only hints and guesses,
Hints followed by guesses; and the rest
Is prayer, observance, discipline, thought and action.
The hint half guessed, the gift half understood, is Incarnation.
Here the impossible union
Of spheres of existence is actual,
Here the past and future
Are conquered, and reconciled,
Where action were otherwise movement
Of that which is only moved
And has in it no source of movement —
Driven by dæmonic, chthonic
Powers. And right action is freedom
From past and future also.
For most of us, this is the aim
Never here to be realised;
Who are only undefeated
Because we have gone on trying;*

E se agarra a essa dimensão. Mas apreender
O ponto de intersecção do atemporal
Com o tempo é ocupação para o santo —
E nem ocupação, mas algo dado
E recebido, morrendo-se uma vida em amor,
Ardor e renúncia a si e entrega de si.
Para quase todos nós, resta só o inesperado
Momento, momento dentro e fora do tempo,
O ataque de distração, perdido num feixe de sol,
Tomilho silvestre não visto, ou corisco de inverno
Ou catarata, ou música ouvida tão a fundo
Que nem mais se escuta, mas você é a música
Enquanto dura a música. São somente alusões, suposições,
Alusões e mais suposições, e o restante
É oração, observância, disciplina, pensamento e ação.
Alusão quase suposta, doação quase entendida, são a
                              [Encarnação.
Aqui a impossível união
De esferas da existência é fato,
Aqui passado e futuro
São derrotados, reconciliados,
Onde ação era de resto movimento
Daquilo que é movido somente
E não traz em si fonte de movimento —
Levado por demônicos, ctônicos
Poderes. E ação certa é liberdade
Também de passado e futuro.
Para quase todos nós, é este o alvo
Que jamais será atingido;
Que só seguimos invictos
Porque seguimos tentando;

We, content at the last
If our temporal reversion nourish
(Not too far from the yew-tree)
The life of significant soil.

Nós, afinal satisfeitos
Em nossa temporal reversão do alimento
(Não tão longe do teixo)
A vida do solo relevante.

Little Gidding

I

Midwinter spring is its own season
Sempiternal though sodden towards sundown,
Suspended in time, between pole and tropic.
When the short day is brightest, with frost and fire,
The brief sun flames the ice, on pond and ditches,
In windless cold that is the heart's heat,
Reflecting in a watery mirror
A glare that is blindness in the early afternoon.
And glow more intense than blaze of branch, or brazier,
Stirs the dumb spirit: no wind, but pentecostal fire
In the dark time of the year. Between melting and freezing
The soul's sap quivers. There is no earth smell
Or smell of living thing. This is the spring time
But not in time's covenant. Now the hedgerow
Is blanched for an hour with transitory blossom
Of snow, a bloom more sudden
Than that of summer, neither budding nor fading,
Not in the scheme of generation.
Where is the summer, the unimaginable
Zero summer?

                If you came this way,
Taking the route you would be likely to take
From the place you would be likely to come from,
If you came this way in may time, you would find the hedges
White again, in May, with voluptuary sweetness.
It would be the same at the end of the journey,

Little Gidding

I

A primavera em pleno inverno é uma nova estação
Sempiterna por mais que encharcada ao pôr do sol,
Suspensa no tempo, entre trópico e polo,
Quando o dia curto brilha mais, de geada e de fogo,
O breve sol acende o gelo, em lagos e valas,
No frio sem vento que é calor do coração,
Refletindo em aquático espelho
Um clarão que é cegueira na tarde que se abre.
E brilha mais claro que brandão ou braseiro,
Atiça o espírito mudo; não vento, mas fogo pentecostal
Na hora negra do ano. Entre derreter e congelar
A seiva da alma estremece. Não há cheiro terreno
Nem cheiro de coisa viva. É a primavera
Mas não na aliança do tempo. Agora o arbusto
Por uma hora empalidece em transitória flor
De neve, botão mais repentino
Que o do verão, que nem brota nem murcha,
Não no plano da geração.
Onde o verão, o inimaginável
Verão zero?

                Se você viesse por esta via
Pegando o caminho que seria provável
Vindo de onde provavelmente viria,
Se viesse por aqui em maio, encontraria as sebes
De novo brancas, em maio, com luxuriante doçura.
Seria o mesmo no fim da jornada,

*If you came at night like a broken king,
If you came by day not knowing what you came for,
It would be the same, when you leave the rough road
And turn behind the pig-sty to the dull façade
And the tombstone. And what you thought you came for
Is only a shell, a husk of meaning
From which the purpose breaks only when it is fulfilled
If at all. Either you had no purpose
Or the purpose is beyond the end you figured
And is altered in fulfilment. There are other places
Which also are the world's end, some at the sea jaws,
Or over a dark lake, in a desert or a city —
But this is the nearest, in place and time,
Now and in England.*

                    *If you came this way,
Taking any route, starting from anywhere,
At any time or at any season,
It would always be the same: you would have to put off
Sense and notion. You are not here to verify,
Instruct yourself, or inform curiosity
Or carry report. You are here to kneel
Where prayer has been valid. And prayer is more
Than an order of words, the conscious occupation
Of the praying mind, or the sound of the voice praying.
And what the dead had no speech for, when living,
They can tell you, being dead: the communication
Of the dead is tongued with fire beyond the language of the living.
Here, the intersection of the timeless moment
Is England and nowhere. Never and always.*

Se viesse à noite como rei alquebrado,
Se viesse de dia sem saber o que veio buscar,
Seria o mesmo, quando larga o caminho difícil
E vira atrás do chiqueiro para a fachada fechada
E a lápide. E o que achava que vinha buscar
É mera concha, mera casca de sentido
De onde irrompe o propósito só quando se perfaz
Se tanto. Ou você não tinha propósito
Ou o propósito resta além do fim suposto
E se altera na realização. Há outros lugares
Que são também o fim do mundo, alguns na bocarra do mar,
Ou sobre lago escuro, num deserto ou na cidade —
Mas este é o mais próximo, em lugar e no tempo,
Agora e na Inglaterra.

     Se você viesse por esta via.
Pegando qualquer caminho, partindo de qualquer ponto,
Em qualquer momento, qualquer estação,
Seria sempre o mesmo: teria que adiar
Sensação e noção. Você não está aqui para verificar,
Ou se instruir, ou informar a curiosidade
Ou levar um relato. Está aqui por cair de joelhos
Onde foi válida a oração. E orar é mais
Que ordenar palavras, cônscia ocupação
Da mente em oração, ou som da voz que ora.
E o que não cabia na fala dos mortos, quando vivos,
Eles podem contar, sendo mortos: a comunicação
Dos mortos é dotada de línguas de fogo além da língua viva.
Aqui, a interseção do momento atemporal
É Inglaterra e é lugar nenhum. Nunca e sempre.

II

Ash on an old man's sleeve
Is all the ash the burnt roses leave.
Dust in the air suspended
Marks the place where a story ended.
Dust inbreathed was a house —
The walls, the wainscot and the mouse.
The death of hope and despair,
    This is the death of air.

There are flood and drouth
Over the eyes and in the mouth,
Dead water and dead sand
Contending for the upper hand.
The parched eviscerate soil
Gapes at the vanity of toil,
Laughs without mirth.
    This is the death of earth.

Water and fire succeed
The town, the pasture and the weed.
Water and fire deride
The sacrifice that we denied.
Water and fire shall rot
The marred foundations we forgot,
Of sanctuary and choir.
    This is the death of water and fire.

In the uncertain hour before the morning
    Near the ending of interminable night

II

Cinza na manga de um ancião
É toda a cinza da rosa em combustão.
O pó que no ar pairou
Marca o ponto onde um conto acabou.
O pó vira casa, tragado num jato —
Parede, lambris e o rato.
A morte do esperar e do desesperar
    Esta é a morte do ar.

Há aridez e há enchentes
Sobre os olhos e nos dentes,
Água morta, areia fria
Lutando pela primazia.
O solo seco eviscerado
Vê surpreso o trabalho baldado,
Riso que o prazer encerra.
    Esta é a morte da terra.

Água e fogo sucederão
Cidade, pasto e mais vegetação.
Água e fogo têm zombado
Do sacrifício por nós recusado
Água e fogo vão apodrecer
Más fundações que havemos de esquecer,
Da proteção e do rogo.
    Esta é a morte da água e do fogo.

Na hora incerta de antes da manhã
    Perto do fim da noite interminável

At the recurrent end of the unending
After the dark dove with the flickering tongue
    Had passed below the horizon of his homing
    While the dead leaves still rattled on like tin
Over the asphalt where no other sound was
    Between three districts whence the smoke arose
    I met one walking, loitering and hurried
As if blown towards me like the metal leaves
    Before the urban dawn wind unresisting.
    And as I fixed upon the down-turned face
That pointed scrutiny with which we challenge
    The first-met stranger in the waning dusk
    I caught the sudden look of some dead master
Whom I had known, forgotten, half recalled
    Both one and many; in the brown baked features
    The eyes of a familiar compound ghost
Both intimate and unidentifiable.
    So I assumed a double part, and cried
    And heard another's voice cry: 'What! are you here?'
Although we were not. I was still the same,
    Knowing myself yet being someone other —
    And he a face still forming; yet the words sufficed
To compel the recognition they preceded.
    And so, compliant to the common wind,
    Too strange to each other for misunderstanding,
In concord at this intersection time
    Of meeting nowhere, no before and after,
    We trod the pavement in a dead patrol.
I said: 'The wonder that I feel is easy,
    Yet ease is cause of wonder. Therefore speak:
    I may not comprehend, may not remember.'

No fim que é recorrente do infindável
Depois que a pomba negra, língua acesa,
   Passou do horizonte do regresso
   Enquanto as folhas mortas soam lata
Sobre o asfalto onde outro som não era
   Entre três bairros de onde vem fumaça
   Vi um que andava, à toa e apressado
Como soprado junto às folhas de metal
   No vento, aurora urbana, irresistente.
   Quando eu fitava o rosto cabisbaixo
No duro escrutínio do desafio
   Ao estrangeiro visto no crepúsculo
   Notei súbito olhar de um mestre morto
Que conheci, perdi, quase lembrei
   um e muitos; nos traços calcinados
   Os olhos de um fantasma já compósito
Tão íntimo quanto irreconhecível.
   Portanto adotei dois papéis, gritei
   E ouvi gritar: "Como? *você* está aqui?"
Já não estávamos. Eu era o mesmo,
   Me conhecendo, mas outra pessoa —
   E ele, rosto amorfo; mas só as palavras
Já forçam reconhecimento anunciado.
   E assim, levados por vento comum,
   Estranhos demais para não entender,
Concordes nessa interseção do tempo
   O encontro nenhures, sem antes, depois,
   Vagamos na calçada em morta ronda.
Eu disse: "O encanto que me toma é simples,
   Mas isso gera encanto. Logo, diga:
   Posso não entender, não recordar".

And he: 'I am not eager to rehearse
    My thought and theory which you have forgotten.
    These things have served their purpose: let them be.
So with your own, and pray they be forgiven
    By others, as I pray you to forgive
    Both bad and good. Last season's fruit is eaten
And the fullfed beast shall kick the empty pail.
    For last year's words belong to last year's language
    And next year's words await another voice.
But, as the passage now presents no hindrance
    To the spirit unappeased and peregrine
    Between two worlds become much like each other,
So I find words I never thought to speak
    In streets I never thought I should revisit
    When I left my body on a distant shore.
Since our concern was speech, and speech impelled us
    To purify the dialect of the tribe
    And urge the mind to aftersight and foresight,
Let me disclose the gifts reserved for age
    To set a crown upon your lifetime's effort.
    First, the cold fricton of expiring sense
Without enchantment, offering no promise
    But bitter tastelessness of shadow fruit
    As body and soul begin to fall asunder.
Second, the conscious impotence of rage
    At human folly, and the laceration
    Of laughter at what ceases to amuse.
And last, the rending pain of re-enactment
    Of all that you have done, and been; the shame
    Of motives late revealed, and the awareness

E ele: "Eu não quero repassar
   Ideias, teorias que esqueceste.
   Serviram a seus fins: que fiquem.
E as tuas, reza por que os outros
   As perdoem, como eu rezo que tu
   Perdoes mau e bom. O fruto foi comido
E a besta vai chutar cocho vazio.
   Palavras passadas são da língua passada;
   As futuras aguardam outra voz.
Mas se ora a via está desimpedida
   Para o espírito insatisfeito e peregrino
   Entre dois mundos feitos tão iguais,
Acho palavras que jamais pensei
   Em ruas que jamais pensei rever
   Quando deixei meu corpo em praia além.
Se nos tocava o verbo, e nos movia
   A purificar o dialeto da tribo
   E instar a mente à pós-ciência e à presciência,
Revelarei os dons dados à idade
   Por coroar assim a tua vida.
   Primeiro, o frio da morte do sentido
Sem enlevo, oferecendo nada
   O amargo sem gosto de frutos da sombra
   Abrindo a divisão de corpo e alma.
Segundo, cônscia impotência da fúria
   Diante da tolice e da laceração
   Do riso do que deixa de entreter.
Por fim, excruciante dor de reviver
   Tudo o que fizeste, e foste; a vergonha
   De motivos expostos, e a noção

Of things ill done and done to others' harm
   Which once you took for exercise of virtue.
   Then fools' approval stings, and honour stains.
From wrong to wrong the exasperated spirit
   Proceeds, unless restored by that refining fire
   Where you must move in measure, like a dancer.'
The day was breaking. In the disfigured street
   He left me, with a kind of valediction,
   And faded on the blowing of the horn.

III

There are three conditions which often look alike
Yet differ completely, flourish in the same hedgerow:
Attachment to self and to things and to persons, detachment
From self and from things and from persons; and, growing between
                              [*them, indifference*
Which resembles the others as death resembles life,
Being between two lives — unflowering, between
The live and the dead nettle. This is the use of memory:
For liberation — not less of love but expanding
Of love beyond desire, and so liberation
From the future as well as the past. Thus, love of a country
Begins as an attachment to our own field of action
And comes to find that action of little importance
Though never indifferent. History may be servitude,
History may be freedom. See, now they vanish,
The faces and places, with the self which, as it could, loved them,
To become renewed, transfigured, in another pattern.

Do que foi tão malfeito, os males feitos
    Considerados de virtude.
    E o sim dos tolos dói, e a honra mancha.
De mal em mal o espírito acirrado
    Prossegue, a menos o fogo o refine
    Onde hás de ter medida, dançarino".
Rompia o dia. Na rua desfigurada
    Deixou-me, com uma certa despedida,
    E desapareceu com a sirene.

III

Há três condições que muitas vezes se assemelham
E contudo diferem de todo, florescem no mesmo arbusto:
Apego a si e a coisas e pessoas, desapego
De si e de coisas, pessoas; e, crescendo entre eles,
                                    [indiferença
Que lembra as outras como a morte lembra a vida,
Estando entre duas vidas — sem flor, entre
Urtiga morta e urtiga viva. É este o uso da memória:
Para libertação — não menos amor mas expandir
O amor para além do desejo, e assim libertação
Do futuro bem como do passado. Portanto, amor por um país
Começa como apego a nossa própria esfera de ação
E passa a julgar essa ação pouco importante
Ainda que jamais indiferente. A história pode ser servidão,
A história pode ser liberdade. Veja, agora somem
Os rostos, os postos, com o eu que, como pôde, os amou,
Para serem renovados, transfigurados, em outro padrão.

Sin is Behovely, but
All shall be well, and
All manner of thing shall be well.
If I think, again, of this place,
And of people, not wholly commendable,
Of not immediate kin or kindness,
But of some peculiar genius,
All touched by a common genius,
United in the strife which divided them;
If I think of a king at nightfall,
Of three men, and more, on the scaffold
And a few who died forgotten
In other places, here and abroad,
And of one who died blind and quiet,
Why should we celebrate
These dead men more than the dying?
It is not to ring the bell backward
Nor is it an incantation
To summon the spectre of a Rose.
We cannot revive old factions
We cannot restore old policies
Or follow an antique drum.
These men, and those who opposed them
And those whom they opposed
Accept the constitution of silence
And are folded in a single party.
Whatever we inherit from the fortunate
We have taken from the defeated
What they had to leave us — a symbol:
A symbol perfected in death.
And all shall be well and

O pecado é convindo, mas
Tudo estará bem, e
Tudo quanto seja estará bem.
Se penso, de novo, neste lugar
E nas pessoas, não totalmente louváveis,
Sem claro parentela ou gentileza,
Mas com certo gênio seu,
Tocadas todas por um gênio comum,
Unidas na lida que as divide;
Se penso num rei ao cair da noite,
Em três homens, e mais, no patíbulo
E poucos que morreram esquecidos
Em outros lugares, aqui e longe,
E num que morreu cego e quieto,
Por que celebrarmos
Os mortos mais que a morte?
Não é tocar o carrilhão pelo avesso
Nem seria encantamento
Por evocar o espectro de uma Rosa.
Não podemos reviver velhas facções
Não podemos restaurar velhas políticas
Ou seguir um antigo tambor.
Esses homens, e quem a eles se opôs
E aqueles a quem se opuseram
Aceitam a constituição do silêncio
E se integram num mesmo grupo.
Tudo que herdamos dos afortunados
Tiramos dos derrotados
O que tinham para nos deixar — um símbolo:
Um símbolo aperfeiçoado na morte.
E tudo estará bem e

*All manner of thing shall be well
By the purification of the motive
In the ground of our beseeching.*

IV

*The dove descending breaks the air
With flame of incandescent terror
Of which the tongues declare
The one discharge from sin and error.
The only hope, or else despair
    Lies in the choice of pyre of pyre —
    To be redeemed from fire by fire.*

*Who then devised the torment? Love.
Love is the unfamiliar Name
Behind the hands that wove
The intolerable shirt of flame
Which human power cannot remove.
    We only live, only suspire
    Consumed by either fire or fire.*

V

*What we call the beginning is often the end
And to make an end is to make a beginning.
The end is where we start from. And every phrase
And sentence that is right (where every word is at home,
Taking its place to support the others,*

Tudo quanto seja estará bem
Pela purificação do motivo
No chão de nossa súplica.

IV

A pomba desce e rompe o ar
Com chama de terror em brasa
Cujas línguas vêm declarar
Libertação do erro e do pecado.
Se resta chance, ela há de estar
    Entre pira e pira, no jogo —
    Redimir-se do fogo pelo fogo.

Mas quem criou a dor? Amor.
Amor é o Nome estranho
Por trás das mãos do tecedor
Da roupa ígnea, horror tamanho,
Que a força humana não pode depor.
    Temos só vida, mero rogo
    Tomado por fogo ou por fogo.

V

O que chamamos de princípio muitas vezes é o fim
E criar um fim é criar um princípio.
O fim é de onde partimos. E cada frase
Cada sentença justa (onde cada palavra está em casa,
Cuidando de apoiar as outras,

*The word neither diffident nor ostentatious,
An easy commerce of the old and the new,
The common word exact without vulgarity,
The formal word precise but not pedantic,
The complete consort dancing together)
Every phrase and every sentence is an end and a beginning,
Every poem an epitaph. And any action
Is a step to the block, to the fire, down the sea's throat
Or to an illegible stone: and that is where we start.
We die with the dying:
See, they depart, and we go with them.
We are born with the dead:
See, they return, and bring us with them.
The moment of the rose and the moment of the yew-tree
Are of equal duration. A people without history
Is not redeemed from time, for history is a pattern
Of timeless moments. So, while the light fails
On a winter's afternoon, in a secluded chapel
History is now and England.*

With the drawing of this Love and the voice of this Calling

*We shall not cease from exploration
And the end of all our exploring
Will be to arrive where we started
And know the place for the first time.
Through the unknown, remembered gate
When the last of earth left to discover
Is that which was the beginning;
At the source of the longest river
The voice of the hidden waterfall*

Palavra nem embaraçada nem pomposa,
Comércio simples do velho e do novo,
A palavra comum exata sem vulgaridade
A palavra formal precisa e não pedante,
Um madrigal completo que dança em conjunto)
Cada frase e cada sentença é fim e princípio,
Cada poema, epitáfio. E toda ação
É um passo rumo ao cepo, ao fogo, à garganta do mar
Ou a uma pedra ilegível: e é daqui que partimos.
Morremos com quem morre:
Veja, eles vão, e com eles partimos.
Nascemos com os mortos:
Veja, retornam, e nos trazem consigo.
O momento da rosa, o momento do teixo
Têm a mesma duração. Um povo sem história
Não fica redimido do tempo, pois a história é padrão
De momentos sem tempo. Então, enquanto a luz fraqueja
Numa tarde de inverno, numa capela isolada
A história é agora e é Inglaterra.

Com o empuxo deste Amor e a voz desta Vocação

Não cessaremos nossa busca
E o fim de toda a exploração
Será chegar ao ponto da partida
E conhecer pela primeira vez o lugar.
Passado o desconhecido, lembrado portão
Quando os últimos da terra foram descobrir
Estava o que era o princípio;
Na fonte do mais longo rio
A voz da oculta catarata

And the children in the apple-tree
Not known, because not looked for
But heard, half-heard, in the stillness
Between two waves of the sea.
Quick now, here, now, always —
A condition of complete simplicity
(Costing not less than everything)
And all shall be well and
All manner of thing shall be well
When the tongues of flame are in-folded
Into the crowned knot of fire
And the fire and the rose are one.

E as crianças na macieira
Não conhecidas, pois não procuradas
Mas ouvidas, entreouvidas, no silêncio
Entre duas ondas do mar.
Rápidas agora, aqui, agora, sempre —
Condição de completa simplicidade
(Custando nada menos do que tudo)
E tudo estará bem e
Tudo quanto seja estará bem
Quando as línguas de chama se enveloparem
Para o coroado nó do fogo
E o fogo e a rosa forem um.

Old Possum's Book of Practical Cats
(1939)

O livro dos gatos sensatos do Velho Gambá
(1939)

Preface

This Book is respectfully dedicated to those friends who have assisted its composition by their encouragement, criticism and suggestions: and in particular to Mr. T. E. Faber, Miss Alison Tandy, Miss Susan Wolcott, Miss Susanna Morley, and the Man in White Spats.

O. P.

Prefácio

Este livro é dedicado com todo respeito aos amigos que, com seu encorajamento, suas críticas e sugestões, ajudaram em sua composição: e especialmente ao sr. T. E. Faber, às srtas. Alison Tandy, Susan Wolcott, Susanna Morley e ao Homem de Polainas Brancas.

V. G.

The Naming of Cats

The Naming of Cats is a difficult matter,
    It isn't just one of your holiday games;
You may think at first I'm as mad as a hatter
    When I tell you, a cat must have THREE DIFFERENT NAMES.
First of all, there's the name that the family use daily,
    Such as Peter, Augustus, Alonzo or James,
Such as Victor or Jonathan, George or Bill Bailey —
    All of them sensible everyday names.
There are fancier names if you think they sound sweeter,
    Some for the gentlemen, some for the dames:
Such as Plato, Admetus, Electra, Demeter —
    But all of them sensible everyday names.
But I tell you, a cat needs a name that's particular,
    A name that's peculiar, and more dignified,
Else how can he keep up his tail perpendicular,
    Or spread out his whiskers, or cherish his pride?
Of names of this kind, I can give you a quorum,
    Such as Munkustrap, Quaxo, or Coricopat,
Such as Bombalurina, or else Jellylorum —
    Names that never belong to more than one cat.
But above and beyond there's still one name left over,
    And that is the name that you never will guess;
The name that no human research can discover —
    But THE CAT HIMSELF KNOWS, and will never confess.
When you notice a cat in profound meditation,
    The reason, I tell you, is always the same:
His mind is engaged in a rapt contemplation
    Of the thought, of the thought, of the thought of his name:

Dar nome pra um gato

Dar nome pra um gato não é brincadeira,
    Não é dessas coisas normais de vocês;
Pode até parecer exagero, ou doideira,
    Mas é pouco um só nome, ELES TÊM QUE TER TRÊS.
O primeiro é aquele de usar todo dia,
    Bernardo, Ana Clara, Gabi ou Inês,
Madalena, Olga ou Sara, Eduardo e até Bia.
    São nomes sisudos, são só sensatez.
Se você preferir, pode até ser mais chique,
    Pra menino ou menina, os dois têm sua vez:
Dante, Ágata, ou Íris, Urraca ou Manrique —
    Mas nomes sisudos, e só sensatez.
Só que os gatos precisam de um nome sem par
    Um nome mais raro, mais conceituado,
Ou não sobe seu rabo, perpendicular,
    Fica mole o bigode, e o orgulho, acabado!
De nomes assim eu te mostro uma renca,
    Mungustão, Quaximol, Filiréu ou Jorlato,
Seja Bombalurina, ou talvez Chelimenca —
    São nomes que sempre serão de um só gato.
Mas acima de tudo outro nome sobrou,
    Um nome afundado em mistérios à beça,
O nome que o homem jamais desvendou —
    Mas É O GATO QUE SABE, e ele nunca confessa.
Quando um gato se perde na meditação,
    O motivo, eu te digo, não muda e não some:
Sua mente está presa na contemplação
    Da ideia, da ideia, da ideia do nome:

His ineffable effable
Effanineffable
Deep and inscrutable singular Name.

Do inefável efável
　　　Seu efinevável
Profundo, insondável e excêntrico Nome.

The Old Gumbie Cat

I have a Gumbie Cat in mind, her name is Jennyanydots;
Her coat is of the tabby kind, with tiger stripes and leopard spots.
All day she sits upon the stair or on the steps or on the mat:
She sits and sits and sits and sits — and that's what makes a
                                                  [Gumbie Cat!

    But when the day's hustle and bustle is done,
    Then the Gumbie Cat's work is but hardly begun.
    And when all the family's in bed and asleep,
    She slips down the stairs to the basement to creep.
    She is deeply concerned with the ways of the mice —
    Their behaviour's not good and their manners not nice;
    So when she has got them lined up on the matting,
    She teaches them music, crocheting and tatting.

I have a Gumbie Cat in mind, her name is Jennyanydots;
Her equal would be hard to find, she likes the warm and sunny spots.
All day she sits beside the hearth or on the bed or on my hat:
She sits and sits and sits and sits — and that's what makes a
                                                  [Gumbie Cat!

    But when the day's hustle and bustle is done,
    Then the Gumbie Cat's work is but hardly begun.
    As she finds that the mice will not ever keep quiet,
    She is sure it is due to irregular diet;
    And believing that nothing is done without trying,
    She sets straight to work with her baking and frying.
    She makes them a mouse-cake of bread and dried peas,
    And a **beautiful** fry of lean bacon and cheese.

A velha Gatinorme

A Gatinorme está ao meu lado, ela se chama Sonsolonsa;
Seu pelo é todo bem malhado, igual ao tigre e igual à onça.
O dia inteiro no tapete, nos degraus, ela só dorme:
E dorme e dorme e dorme e dorme — e assim se faz um
                                             [Gatinorme!

    Mas quando a bagunça do dia acabou,
    O esforço da gata nem bem começou.
    E quando a família deitou pra dormir,
    Lá embaixo, ao porão, ela então vai seguir.
    Fica aflita demais com o jeito dos ratos —
    Grosseiros e rudes, têm modos ingratos;
    Então quando ficam à sua mercê,
    Dá aulas de música, renda e crochê.

A Gatinorme está ao meu lado, ela se chama Sonsolonsa;
Prefere um canto ensolarado, e no calor se desengonça.
O dia inteiro na lareira, ou num chapéu, ela só dorme:
E dorme e dorme e dorme e dorme — e assim se faz um
                                             [Gatinorme!

    Mas quando a bagunça do dia acabou,
    O esforço da gata nem bem começou.
    Ao ver que os ratinhos não vão sossegar,
    Já culpa a dieta, que é irregular;
    Como sem diligência não há o que se faça,
    Vai ao forno e fogão, pra botar mão na massa.
    Faz seu prato-pra-rato, com pão, tudo junto,
    E uma *bela* fritada de queijo e presunto.

I have a Gumbie Cat in mind, her name is Jennyanydots;
The curtain-cord she likes to wind, and tie it into sailor-knots.
She sits upon the window-sill, or anything that's smooth and flat:
She sits and sits and sits and sits — and that's what makes a
                                                [Gumbie Cat!

    But when the day's hustle and bustle is done,
    Then the Gumbie Cat's work is but hardly begun.
    She thinks that the cockroaches just need employment
    To prevent them from idle and wanton destroyment.
    So she's formed, from that lot of disorderly louts,
    A troop of well-disciplined helpful boy-scouts,
    With a purpose in life and a good deed to do —
    And she's even created a Beetles' Tattoo.

So for Old Gumbie Cats let us now give three cheers —
On whom well-ordered households depend, it appears.

A Gatinorme está ao meu lado, ela se chama Sonsolonsa;
Adora atar o cortinado, armando a sua geringonça.
O dia inteiro na janela, onde puder, ela só dorme:
E dorme e dorme e dorme e dorme — e assim se faz um
[Gatinorme!

    Mas quando a bagunça do dia acabou,
    O esforço da gata nem bem começou.
    Tem que dar às baratas uma ocupação,
    Pois elas se inclinam à destruição.
    Então forma, do bando das mais desordeiras,
    Uma tropa de belas, gentis escoteiras,
    Só com boas ações do princípio até o fim —
    Compôs inclusive um sinal de clarim.

Três vivas aos bons Gatinormes então —
Porque as casas dependem só deles, ou não.

Growltiger's Last Stand

GROWLTIGER was a Bravo Cat, who travelled on a barge:
In fact he was the roughest cat that ever roamed at large.
From Gravesend up to Oxford he pursued his evil aims,
Rejoicing in his title of 'The Terror of the Thames'.

His manners and appearance did not calculate to please;
His coat was torn and seedy, he was baggy at the knees;
One ear was somewhat missing, no need to tell you why,
And he scowled upon a hostile world from one forbidding eye.

The cottagers of Rotherhithe knew something of his fame;
At Hammersmith and Putney people shuddered at his name.
They would fortify the hen-house, lock up the silly goose,
When the rumour ran along the shore: GROWLTIGER'S ON THE LOOSE!

Woe to the weak canary, that fluttered from its cage;
Woe to the pampered Pekinese, that faced Growltiger's rage;
Woe to the bristly Bandicoot, that lurks on foreign ships,
And woe to any Cat with whom Growltiger came to grips!

But most to Cats of foreign race his hatred had been vowed;
To Cats of foreign name and race no quarter was allowed.
The Persian and the Siamese regarded him with fear —
Because it was a Siamese had mauled his missing ear.

Now on a peaceful summer night, all nature seemed at play,
The tender moon was shining bright, the barge at Molesey lay.
All in the balmy moonlight it lay rocking on the tide —
And Growltiger was disposed to show his sentimental side.

O gato Rosnulfo não vai se render

ROSNULFO, gato Bravo, navegava o rio profundo:
No fundo ele era o gato mais horrendo deste mundo.
Da foz até a nascente cometendo só maldade,
Feliz por ser chamado de "Terror desta Cidade".

A cara e os modos dele não agradam nem o espelho:
Casaco esfarrapado, calça frouxa no joelho;
Faltava-lhe uma orelha, quase inteira, nem te conto.
Caolho olhava o mundo como quem só quer confronto.

O povo lá das vilas conhecia o seu poder,
Seu nome já fazia toda gente estremecer:
Os gansos e galinhas eles logo iam trancando,
Se as vozes sussurravam que ROSNULFO ESTÁ CHEGANDO!

Ai, canarinho fraco, que escapasse da gaiola
Ai, pequinês mimado, corre risco de degola.
Ai, ai do ratonildo nos navios lá do estrangeiro,
E pena do gatinho que Rosnulfo viu primeiro!

Mas gatos de outras raças sobretudo detestava;
Um nome de outra terra é que ele nunca tolerava.
E persas, siameses espiavam só de esguelha,
Pois foi um siamês que destroçou aquela orelha.

E numa noite quente, tudo em plena calmaria,
A lua cintilava sobre a barca, na baía,
Boiando sobre as ondas com seus doces movimentos:
Rosnulfo pretendia demonstrar seus sentimentos.

His bucko mate, GRUMBUSKIN, long since had disappeared,
For to the Bell at Hampton he had gone to wet his beard;
And his bosun, TUMBLEBRUTUS, he too had stol'n away —
In the yard behind the Lion he was prowling for his prey.

In the forepeak of the vessel Growltiger sate alone,
Concentrating his attention on the Lady GRIDDLEBONE.
And his raffish crew were sleeping in their barrels and their bunks —
As the Siamese came creeping in their sampans and their junks.

Growltiger had no eye or ear for aught but Griddlebone,
And the Lady seemed enraptured by his manly baritone,
Disposed to relaxation, and awaiting no surprise —
But the moonlight shone reflected from a thousand bright blue eyes.

And closer still and closer the sampans circled round,
And yet from all the enemy there was not heard a sound.
The lovers sang their last duet, in danger of their lives —
For the foe was armed with toasting forks and cruel carving knives.

Then GILBERT gave the signal to his fierce Mongolian horde;
With a frightful burst of fireworks the Chinks they swarmed aboard.
Abandoning their sampans, and their pullaways and junks,
They battened down the hatches on the crew within their bunks.

Then Griddlebone she gave a screech, for she was badly skeered;
I am sorry to admit it, but she quickly disappeared.
She probably escaped with ease, I'm sure she was not drowned —
But a serried ring of flashing steel Growltiger did surround.

GRUMILHO, o imediato, tinha dado de sumir,
Estava no boteco pra buscar seu elixir;
BRUTÊNCIO, contramestre, também não estava, não —
No cais ele espreitava pra emboscar a refeição.

Na proa do seu barco está Rosnulfo, está sozinho
E todo concentrado na Senhora CHURRASQUINHO.
Nos catres, em barris, dormia a bruta marujada,
Enquanto os siameses já surgiam de jangada.

Rosnulfo só enxergava seu amor, com devoção,
E a moça se encantava com seu belo vozeirão,
O clima estava calmo, estava tudo tranquilinho,
Porém a lua reluzia com cem olhos azuizinhos.

E cada vez mais perto a esquadra estava em todo lado,
E o bando do inimigo bem quieto, bem calado.
Os dois cantavam juntos, no seu último dueto,
Pois já chegavam garfos, facas, grelhas com espetos.

E GIBA deu sinal, e seus mongóis se aproximaram;
Com fogos de artifício os amarelos embarcaram.
Deixando frágeis balsas e jangadas, barcos sujos,
Trancaram escotilhas e prenderam os marujos.

E a moça deu um grito, pois seu susto foi tirrive!
Lamento te informar, mas não sei se ela sobrevive.
Fugiu, eu imagino, pois ela não se afogou.
Mas o aço rebrilhante logo Rosnulfo cercou.

The ruthless foe pressed forward, in stubborn rank on rank;
Growltiger to his vast surprise was forced to walk the plank.
He who a hundred victims had driven to that drop,
At the end of all his crimes was forced to go ker-flip, ker-flop.

Oh there was joy in Wapping when the news flew through the land;
At Maidenhead and Henley there was dancing on the strand.
Rats were roasted whole at Brentford, and at Victoria Dock,
And a day of celebration was commanded in Bangkok.

O bando o cerca firme; o ataque assim deslancha:
Rosnulfo, estarrecido, foi forçado a andar na prancha.
Ele, que condenou centenas, um por um,
Termina com seus crimes, toma um belo cataplum.

Ah, que alegria houve quando soube-se a notícia:
Foi festa, dança, baile pelo rio, uma delícia.
Assaram ratos gordos, foi cozido muito nhoque,
E um novo feriado foi criado lá em Bangkok.

The Rum Tum Tugger

The Rum Tum Tugger is a Curious Cat:
If you offer him pheasant he would rather have grouse.
If you put him in a house he would much prefer a flat,
If you put him in a flat then he'd rather have a house.
If you set him on a mouse then he only wants a rat,
If you set him on a rat then he'd rather chase a mouse.
Yes the Rum Tum Tugger is a Curious Cat —
    And there isn't any call for me to shout it:
        For he will do
        As he do do
            And there's no doing anything about it!

The Rum Tum Tugger is a terrible bore:
When you let him in, then he wants to be out;
He's always on the wrong side of every door,
And as soon as he's at home, then he'd like to get about.
He likes to lie in the bureau drawer,
But he makes such a fuss if he can't get out.
Yes the Rum Tum Tugger is a Curious Cat —
    And there isn't any use for you to doubt it:
        For he will do
        As he do do
            And there's no doing anything about it!

The Rum Tum Tugger is a curious beast:
His disobliging ways are a matter of habit.
If you offer him fish then he always wants a feast;
When there isn't any fish then he won't eat rabbit.
If you offer him cream then he sniffs and sneers,

Pirlimpimpão

Pirlimpimpão é um gato muito estranho:
Se você lhe dá galinha, ele quer comer faisão.
Se lhe dá uma mansão, acha grande o seu tamanho
Se lhe dá um apartamento, já prefere uma mansão
Se você lhe dá um ratinho, só queria um musaranho
Se recebe musaranho, o ratinho é a decisão.
É, Pirlimpimpão é um gato muito estranho —
    E eu nem preciso proclamar:
        Ele quer bem
         O que bem quer
            E não adianta reclamar!

Pirlimpimpão é um chato notório:
Quando você o faz entrar, ele quer é sair;
Está sempre do lado errado, é obrigatório,
E assim que chega em casa, ele já tem aonde ir.
Aprecia dormir na gaveta do escritório,
Mas faz uma cena se não consegue sair.
É, Pirlimpimpão é um gato muito estranho —
    E nem precisa duvidar:
        Ele quer bem
         O que bem quer
            E não adianta reclamar!

Pirlimpimpão é um bicho esquisito:
Ele é desagradável por questão de costume.
Se ganha peixe, passa a ser seu favorito;
Se não tem peixe, quer comer todo um cardume.
Se ganha seu leite, não há o que console,

For he only likes what he finds for himself;
So you'll catch him in it right up to the ears,
If you put it away on the larder shelf.
The Rum Tum Tugger is artful and knowing,
The Rum Tum Tugger doesn't care for a cuddle;
But he'll leap on your lap in the middle of your sewing,
For there's nothing he enjoys like a horrible muddle.
Yes the Rum Tum Tugger is a Curious Cat —
    And there isn't any need for me to spout it:
        For he will do
        As he do do
                And there's no doing anything about it!

Só gosta de leite se encontra sozinho;
Vai ser visto bebendo até o último gole,
Se você guarda o leite num certo cantinho.
Pirlimpimpão é matreiro e tem finura,
Pirlimpimpão não quer saber de afago,
Mas pula no seu colo bem no meio da costura.
Pois o que ele mais adora é fazer o seu estrago.
É, Pirlimpimpão é um gato muito estranho —
    E eu nem preciso declamar:
        Ele quer bem
       O que bem quer
           E não adianta reclamar!

The Song of the Jellicles

Jellicle Cats come out to-night,
Jellicle Cats come one come all:
The Jellicle Moon is shining bright —
Jellicles come to the Jellicle Ball.

Jellicle Cats are black and white,
Jellicle Cats are rather small;
Jellicle Cats are merry and bright,
And pleasant to hear when they caterwaul.
Jellicle Cats have cheerful faces,
Jellicle Cats have bright black eyes;
They like to practise their airs and graces
And wait for the Jellicle Moon to rise.

Jellicle Cats develop slowly,
Jellicle Cats are not too big;
Jellicle Cats are roly-poly,
They know how to dance a gavotte and a jig.
Until the Jellicle Moon appears
They make their toilette and take their repose:
Jellicles wash behind their ears,
Jellicles dry between their toes.

Jellicle Cats are white and black,
Jellicle Cats are of moderate size;
Jellicles jump like a jumping-jack,
Jellicle Cats have moonlit eyes.
They're quiet enough in the morning hours,

A canção dos Coisulinos

Coisulinos, é seu dia de sorte
Coisulinos, esse dia é bom de fato:
A Lua Coisulina brilha forte
Venham todos para o Baile Coisulino

Coisulinos são pretos e brancos,
Coisulinos, pequenos, só um pouco;
Coisulinos, alegres e francos
E bons de escutar, ao miar que nem loucos.
Coisulinos, carinhas faceiras,
Coisulinos, de olhos escuros,
Treinando trejeitos, maneiras,
Se a Lua Coisulina nascer sobre o muro.

Coisulinos crescem lentamente,
Coisulinos miúdos que só,
Coisulinos gordinhos, contentes,
Que dançam direito a gavota e o rondó.
Se a Lua Coisulina não lança centelha
Eles cuidam da aparência e se fazem cafuné:
Coisulinos dão banho na orelha
E enxugam por entre os dedinhos do pé.

Coisulinos são brancos e pretos,
Coisulinos de porte acertado;
Coisulinos saltam alto nos coretos,
Os Coisulinos têm seus olhos aluados.
Eles ficam bem quietinhos de manhã

*They're quiet enough in the afternoon,
Reserving their terpsichorean powers
To dance by the light of the Jellicle Moon.*

*Jellicle Cats are black and white,
Jellicle Cats (as I said) are small;
If it happens to be a stormy night
They will practise a caper or two in the hall.
If it happens the sun is shining bright
You would say they had nothing to do at all:
They are resting and saving themselves to be right
For the Jellicle Moon and the Jellicle Ball.*

Eles ficam bem quietos à tardinha
Reservam sua dança, o seu cancã,
Pra quando a Lua Coisulina está cheinha.

Coisulinos são pretos e brancos,
Coisulinos (já disse) miúdos;
Se vem a tempestade, os saltimbancos,
Rodam poucas cabriolas, por estudo.
Se acaso o sol reluz e reverbera,
Parece que seu tempo é só pacato:
Descansam e se poupam quando esperam
A Lua Coisulina, e o seu Baile Coisulino.

Mungojerrie and Rumpelteazer

Mungojerrie and Rumpelteazer were a very notorious couple of cats.
As knockabout clowns, quick-change comedians, tight-rope walkers
[and acrobats
They had extensive reputation. They made their home in Victoria
[Grove —
That was merely their centre of operation, for they were incurably
[given to rove.
They were very well know in Cornwall Gardens, in Launceston
[Place and in Kensington Square.
They had really a little more reputation than a couple of cats can
[very well bear.

>If the area window was found ajar
>And the basement looked like a field of war,
>If a tile or two came loose on the roof,
>Which presently ceased to be waterproof,
>If the drawers were pulled out from the bedroom chests,
>And you couldn't find one of your winter vests,
>Or after supper one of the girls
>Suddenly missed her Woolworth pearls:

Then the family would say: 'It's that horrible cat!
It was Mungojerrie — or Rumpelteazer!' — And most of the
[time they left it at that.

Mungojerrie and Rumpelteazer had a very unusual gift of the gab.
They were highly efficient cat-burglars as well, and remarkably
[smart at smash-and-grab.
They made their home in Victoria Grove. They had no regular
[occupation.

Mingogério e Rumpeltim

Mingogério e Rumpeltim eram gatos que todo mundo
[conhecia.
Em palhaçada, fantasias, corda bamba e acrobacia
Tinham a melhor reputação. Sua casa era na praça,
Mas só por organização, já que sua vontade de andar nunca
[passa.
Eram bem conhecidos em toda a cidade, quase em qualquer
[lugar —
Sua fama era um tanto maior do que os gatos podem
[suportar.

    Se alguém via a janela encostada
    E o porão parecia uma guerra acabada,
    Se caía uma telha de boa qualidade,
    E a casa perdia a impermeabilidade,
    Se as gavetas expunham o seu lado interno,
    E você não achava um colete de inverno,
    Ou uma das moças, depois do jantar,
    Não mais encontrava seu rico colar:
A família dizia: "Foi o gato safado que fez rebuliço!
Foi Mingogério — ou Rumpeltim!" — E normalmente não se
[falava mais nisso.

Mingogério e Rumpeltim eram muito bons de papo.
Excelentes gatunos, jamais davam um sopapo.
Sua casa era na praça. Não tinham emprego normal.

They were plausible fellows, and liked to engage a friendly
                              [policeman in conversation.

    When the family assembled for Sunday dinner,
    With their minds made up that they wouldn't get thinner
    On Argentine joint, potatoes and greens,
    And the cook would appear from behind the scenes
    And say in a voice that was broken with sorrow:
    'I'm afraid you must wait and have dinner **tomorrow***!*
    For the joint has gone from the oven — like that!'
    Then the family would say: 'It's that horrible cat!
    It was Mungojerrie — or Rumpelteazer!' — And most of
                            [the time they left it at that.

Mungojerrie and Rumpelteazer had a wonderful way of working
                                             [together.
And some of the time you would say it was luck, and some of the
                                     [time you would say it was weather.
They would go through the house like a hurricane, and no sober
                                          [person could take his oath
Was it Mungojerrie — or Rumpelteazer? or could you have sworn
                                            [that it mightn't be both?

    And when you heard a dining-room smash
    Or up from the pantry there came a loud crash
    Or down from the library came a loud ping
    From a vase which was commonly said to be Ming —
Then the family would say: 'Now which was which cat?
It was Mungojerrie! AND Rumpelteazer!' — And there's nothing
                                          [at all to be done about that!

Sujeitos bem comuns, puxavam conversa até com
                              [policial.

    Quando a família almoçava no domingo,
    Decidida a não emagrecer nem mais um pingo,
    Com bife argentino, verdura e batata,
    E a cozinheira aparecia, estupefata,
    E dizia com uma voz de moribunda:
    "Acho que só vai ter mais comida na *segunda*!
    Por que o bife tomou algum chá de sumiço!"
    A família dizia: "Foi o gato safado que fez rebuliço!
    Foi Mingogério — ou Rumpeltim!". — E normalmente
                            [não se falava mais nisso.

Mingogério e Rumpeltim, como equipe, uma obra-prima,
E às vezes parecia que era sorte, e às vezes parecia que era
                                        [o clima.
Eles passavam que nem furacão, e ninguém conseguia
                                  [jurar, depois,
Se viu Mingogério — ou Rumpeltim? Ou jurar que não
                                      [eram os dois!

    E se da sala de jantar vinha um estrondo
    Ou da despensa, algum baque hediondo
    Ou da biblioteca certo som de estilingue
    De um vaso que diziam sempre que era Ming —
A família dizia: "Agora qual o gato que fez rebuliço?
Foi Mingogério — & Rumpeltim!" E não há o que fazer
                                      [quanto a isso.

Old Deuteronomy

Old Deuteronomy's lived a long time;
  He's a Cat who has lived many lives in succession.
He was famous in proverb and famous in rhyme
  A long while before Queen Victoria's accession.
Old Deuteronomy's buried nine wives
  And more — I am tempted to say, ninety-nine;
And his numerous progeny prospers and thrives
  And the village is proud of him in his decline.
At the sight of that placid and bland physiognomy,
  When he sits in the sun on the vicarage wall,
The Oldest Inhabitant croaks: 'Well, of all...
    Things... Can it be... really!... No!...Yes!...
      Ho! hi!
      Oh, my eye!
My sight may be failing, but yet I confess
I believe it is Old Deuteronomy!'

Old Deuteronomy sits in the street,
  He sits in the High Street on market day;
The bullocks may bellow, the sheep they may bleat,
  But the dogs and the herdsmen will turn them away.
The cars and the lorries run over the kerb,
  And the villagers put up a notice: road closed —
So that nothing untoward may chance to disturb
  Deuteronomy's rest when he feels so disposed
Or when he's engaged in domestic economy:
  And the Oldest Inhabitant croaks: 'Well, of all...
    Things... Can it be... really!... No!...Yes!...
      Ho! hi!

O velho Deuteronômico

Deuteronômico era um Gato de velhice extrema;
    Viveu muitas vidas ao longo da história.
Famoso em provérbio, famoso em poema
    Antes até da ascensão da Rainha Vitória.
Sete vezes ele já enviuvou
    E mais — eu diria, até setenta e nove;
Sua grande família cresceu, prosperou
    Não há na sua vida o que a vila não aprove.
Ao ver seus plácidos traços fisionômicos,
    Sentadinho no muro lá da sacristia,
O mais velho da vila resmunga: "Quem diria...
    Mas... ora... será... Não!... Sim!...
        Mas nossa! Aiaiai!
        Meu olho, meu pai!
Posso estar ruim da vista, confesso, enfim:
Eu juro que *acho* que é o Velho Deuteronômico!".

Deuteronômico fica onde lhe der na telha,
    Nos dias de feira ele senta na rua;
Que mujam os touros, que tujam ovelhas,
    Pois cães e pastores afastam as suas.
Carroças e carros vão pela calçada,
    E a vila assinala esse novo desvio —
Para que não seja perturbado por nada
    O repouso do gato que assim decidiu,
Ou que pensa e calcula, econômico:
    E o mais velho da vila resmunga: "Quem diria...
    Mas... ora... será... Não!... Sim!...
        Mas nossa! Aiaiai!

>   Oh, my eye!
> I'm deaf of an ear now, but I can guess
> That the cause of the trouble is Old Deuteronomy!'

Old Deuteronomy lies on the floor
    Of the Fox and French Horn for his afternoon sleep;
And when the men say: 'There's just time for one more,'
    Then the landlady from her back parlour will peep
And say: 'New then, out you go, by the back door,
    For Old Deuteronomy mustn't be woken —
I'll have the police if there's any uproar' —
    And out they all shuffle, without a word spoken.
The digestive repose of that feline's gastronomy
    Must never be broken, whatever befall:
And the Oldest Inhabitant croaks: 'Well, of all...
    Things... Can it be... really!... Yes!... No!...
      Ho! hi!
      Oh, my eye!
My legs may be tottery, I must go slow
And be careful of Old Deuteronomy!'

             Meu olho, meu pai!
Posso estar meio surdo, admito, enfim:
Parece que tudo é por causa do Velho Deuteronômico!".

Deuteronômico se deita e se arruma
         No piso do bar bem na hora da sesta,
E quando eles dizem: "Ainda bebo mais uma",
         A dona espia pela porta, pela fresta,
E diz: "Podem ir saindo, pela porta dos fundos,
         Que eu não quero que me acordem esse gato —
Eu mando prender vocês, seus vagabundos" —
         E eles saem calados, de um jeito pacato.
Não se atrapalha o repouso gastronômico
         Daquele felino, ninguém arriscaria:
E o mais velho da vila resmunga: "Quem diria...
         Mas... ora... será... Sim!... Não!...
             Mas nossa! Aiaiai!
             Meu olho, meu pai!
Posso estar meio manco, tudo bem, mas então:
Vou andar com cuidado por causa do Velho
                     [Deuteronômico!".

Of the Awefull Battle of the Pekes and the Pollicles

Together with some Account
of the Participation
of the Pugs and the Poms, and
the Intervention of the Great Rumpuscat

The Pekes and the Pollicles, everyone knows,
Are proud and implacable passionate foes;
It is always the same, wherever one goes.
And the Pugs and the Poms, although most people say
That they do not like fighting, will often display,
Every symptom of wanting to join in the fray.
And they
         Bark bark bark bark
         Bark bark BARK BARK
    Until you can hear them all over the Park.

Now on the occasion of which I shall speak
Almost nothing had happened for nearly a week
(And that's a long time for a Pol or a Peke).
The big Police Dog was away from his beat —
I don't know the reason, but most people think
He'd slipped into the Wellington Arms for a drink —
And no one at all was about on the street
When a Peke and a Pollicle happened to meet.
They did not advance, or exactly retreat,

Da pavorosa batalha de Pequins e Bichulins

Além de certo Relato
da Participação
de Pugs e Pomes, e
da intervenção do Miau Confusão

Bichulins e Pequins, sabe já todo mundo,
São rivais detestados, de um ódio profundo;
E isso nunca se altera, no fundo, no fundo.
Quanto aos Pugs e aos Pomes, por mais que se diga
Que sejam da paz, que não gostem de intriga,
Eles querem também começar essa briga.
E eles
         Au au au au
         Au au AU AU
    Até toda a Praça ecoar no final.

Mas no dia que eu quero contar, foi assim,
Houve uma semana de paz sem mais fim
(Que já é muito tempo, Chulim ou Pequim).
O Cão Policial não estava presente —
Eu não sei o motivo, mas há quem preveja
Que tenha ido ao bar pra tomar mais cerveja.
E na rua não tinha cachorro nem gente,
E um Pequim dá com um Bichulim frente a frente.
Eles não se atracaram, pararam, somente,

But they glared at each other, and scraped their hind feet,
And they started to
> *Bark bark bark bark*
> *Bark bark BARK BARK*
> *Until you could hear them all over the Park.*

Now the Peke, although people may say what they please,
Is no British Dog, but a Heathen Chinese.
And so all the Pekes, when they heard the uproar,
Some came to the window, some came to the door;
There were surely a dozen, more likely a score.
And together they started to grumble and wheeze
In their huffery-snuffery Heathen Chinese.
But a terrible din is what Pollicles like,
For your Pollicle Dog is a dour Yorkshire tyke,
And his braw Scottish cousins are snappers and biters,
And every dog-jack of them notable fighters;
And so they stepped out, with their pipers in order,
Playing When the Blue Bonnets Came Over the Border.
Then the Pugs and the Poms held no longer aloof,
But some from the balcony, some from the roof,
Joined in
To the din
With a
> *Bark bark bark bark*
> *Bark bark BARK BARK*
> *Until you can hear them all over the Park.*

Now when these bold heroes together assembled,
That traffic all stopped, and the Underground trembled,
And some of the neighbours were so much afraid

E ficaram se olhando, e mostraram os dentes,
Começaram
        Au au au au
        Au au AU AU
   Até toda a Praça ecoar no final.

O Pequim, não importa o que digam vocês,
Não é cão inglês, mas pagão e chinês.
Quando ouviram o caos, o tumulto e o acinte,
Veio um até a porta, à janela, o seguinte;
Eram mais de uma dúzia, quiçá quase vinte.
E todos resmungam, de uma só vez,
Com seu uivo ganido pagão e chinês.
Mas pra um Bichulim grito é só serenata,
Pois é York bem sério, ou é bom Vira-Lata,
E seu primo terrier é feroz mordedor,
E ali todo mundo é um bom lutador;
Cantando seu hino brigão, sim senhor.
E os Pugs e os Pomes não ficam de lado,
Alguns das varandas, alguns do telhado,
Descem
Pra o que desse
E viesse
        Au au au au
        Au au AU AU
   Até toda a Praça ecoar no final.

E quando esse grupo de heróis se encontrou,
A rua parou, o metrô chacoalhou,
E alguns dos vizinhos, com medo e tremendo,

That they started to ring up the Fire Brigade.
When suddenly, up from a small basement flat,
Why who should stalk out but the GREAT RUMPUSCAT.
His eyes were like fireballs fearfully blazing,
He gave a great yawn, and his jaws were amazing;
And when he looked out through the bars of the area,
You never saw anything fiercer or hairier.
And what with the glare of his eyes and his yawning,
The Pekes and the Pollicles quickly took warning.
He looked at the sky and he gave a great leap —
And they every last one of them scattered like sheep.

And when the Police Dog returned to his beat,
There wasn't a single one left in the street.

Correram ligar pra brigada de incêndio.
Quando, súbito, lá de um pequeno porão,
Quem surge, senão o MIAU CONFUSÃO.
Com olhos medonhos, de fogo, ofuscantes,
Soltou um bocejo, de dentes brilhantes;
E quando espiou pelas grades graúdas,
Jamais se viu coisa mais brava ou peluda.
Com tal olho e tal gesto, nadinha indeciso,
Bichulins e Pequins logo tomam juízo.
Ele olhou para o céu, saltou como centelha —
E cada cachorro fugiu como ovelha.

Quando o Cão Policial já estava presente,
Não tinha mais bicho na rua, nem gente.

Mr. Mistoffelees

You ought to know Mr. Mistoffelees!
The Original Conjuring Cat —
(There can be no doubt about that).
Please listen to me and don't scoff. All his
Inventions are off his own bat.
There's no such Cat in the metropolis;
He holds all the patent monopolies
For performing suprising illusions
And creating eccentric confusions.
    At prestidigitation
        And at legerdemain
    He'll defy examination
        And deceive you again.
The greatest magicians have something to learn
From Mr. Mistoffelees' Conjuring Turn.
Presto!
    Away we go!
        And we all say: OH!
           Well I never!
           Was there ever
           A Cat so clever
                As Magical Mr. Mistoffelees!

He is quiet and small, he is black
From his ears to the tip of his tail;
He can creep through the tiniest crack,
He can walk on the narrowest rail.
He can pick any card from a pack,
He is equally cunning with dice;

Mestre Fistofelino

Conheçam o Mestre Fistofelino!
O Gato Mago Original —
(Não resta dúvida, afinal).
Favor ouvir e não zombar. Seu fino
Gênio é bem mais que sem igual.
Na cidade não tem rival felino;
Detém patentes, fruto do seu tino,
Pra gerar, com surpresa, ilusões
E criar sempre mais confusões.
    Na prestidigitação
        Bem na cara do povo
    Escapa à verificação
        E te engana de novo.
Os magos de fama vão sempre aprender
Com o que Fistofelino consegue fazer.
Abracadabra!
    Se feche e se abra!
        E nós todos só: AH!
           Puxa vida!
           Alguém duvida
           De figura tão sabida
                Quanto o Mago Mestre Fistofelino?

É quieto e pequeno, ele é preto
Das orelhas à ponta do rabo;
É flexível seu leve esqueleto,
Se equilibra no mais fino cabo.
Ele encontra o seu ás no baralho,
Nos dados também é gaiato,

He is always deceiving you into believing
That he's only hunting for mice.
    He can play any trick with a cork
        Or a spoon and a bit of fish-paste;
    If you look for a knife or a fork
        And you think it is merely misplaced —
You have seen it one moment, and then it is gawn!
But you'll find it next week lying out on the lawn.
    And we all say: OH!
        Well I never!
        Was there ever
        A Cat so clever
            As Magical Mr. Mistoffelees!

His manner is vague and aloof,
You would think there was nobody shyer —
But his voice has been heard on the roof
When he was curled up by the fire.
And he's sometimes been heard by the fire
When he was about on the roof —
(At least we all heard somebody who purred)
Which is incontestable proof
    Of his singular magical powers:
        And I have known the family to call
    Him in from the garden for hours,
        While he was asleep in the hall.
And not long ago this phenomenal Cat
Produced seven kittens right out of a hat!
    And we all said: OH!
        Well I never!
        Did you ever

E te engana sem falha, sem nem ter trabalho,
Fingindo que caça seu rato.
    Sabe truques com rolhas de vinho
        Ou colheres, e até com comida;
    Se sumiu uma faca, um garfinho,
        E parece uma causa perdida —
Ela estava aqui mesmo faz um *minutim*!
E aparece semana que vem no jardim!
    E nós todos só: AH!
        Puxa vida!
        Alguém duvida
        De figura tão sabida
            Quanto o Mago Mestre Fistofelino?

Parece que é tão desligado,
Mais tímido que a espécie inteira —
Mas um dia miou no telhado
Enroscado no pé da lareira.
E outras vezes miou na lareira
Quando estava lá pelo telhado —
(Pelo menos *alguém* miou, que a gente ouviu)
O que deixa bem mais que provado
    Seu poder que não é natural:
        E ouvi chamados de toda a família
    Por horas, pra ele voltar do quintal,
        Quando estava dormindo bem sob a mobília.
E não faz tanto tempo que o gato frajola
Tirou *sete gatinhos* da sua cartola!
    E nós todos só: AH!
        Puxa vida!
        Alguém duvida

*Know a Cat so clever
 As Magical Mr. Mistoffelees!*

De figura tão sabida
   Quanto o Mago Mestre Fistofelino?

Macavity: The Mystery Cat

Macavity's a Mystery Cat: he's called the Hidden Paw —
For he's the master criminal who can defy the Law.
He's the bafflement of Scotland Yard, the Flying Squad's despair:
For when they reach the scene of crime — Macavity's not there!

Macavity, Macavity, there's no one like Macavity,
He's broken every human law, he breaks the law of gravity.
His powers of levitation would make a fakir stare,
And when you reach the scene of crime — Macavity's not there!
You may seek him in the basement, you may look up in the air —
But I tell you once and once again, Macavity's not there!

Macavity's a ginger cat, he's very tall and thin;
You would know him if you saw him, for his eyes are sunken in.
His brow is deeply lined with thought, his head is highly domed;
His coat is dusty from neglect, his whiskers are uncombed.
He sways his head from side to side, with movements like a snake;
And when you think he's half asleep, he's always wide awake.

Macavity, Macavity, there's no one like Macavity,
For he's a fiend in feline shape, a monster of depravity.
You may meet him in a by-street, you may see him in the square —
But when a crime's discovered, then Macavity's not there!

He's outwardly respectable. (They say he cheats at cards.)
And his footprints are not found in any file of Scotland Yard's.
And when the larder's looted, or the jewel-case is rifled,
Or when the milk is missing, or another Peke's been stifled,

Mauválio: o gato dúbio

Mauválio é um gato dúbio: apelidado Pata Negra —
Pois é o mestre do crime a que a polícia nunca chega.
Desorienta a Scotland Yard; terror maior não há:
Na cena de investigação — *Mauválio não está!*

Mauválio, Mauválio, esse gato que é uma raridade,
Desobedece a toda lei, até a da gravidade.
Levita com uma graça que não é de todo má,
E quando da investigação — *Mauválio não está!*
Procure no porão, procure aqui, procure lá —
Mas digo novamente que *Mauválio não está!*

Mauválio é um gato ruivo, é muito alto e descarnado;
Você o conheceria por seus olhos afundados.
A testa é ensimesmada, o crânio, alto o quanto pode;
Casaco descuidado, e não vê pente o seu bigode.
Meneia o seu pescoço, movimentos de serpente;
Parece adormecido, mas está sempre presente.

Mauválio, Mauválio, esse gato que é uma raridade,
Demônio em forma de felino, um monstro de impiedade.
Pode ser visto nas vielas, visto ali ou lá —
Mas, se descobrem crimes, bem... *Mauválio não está!*

Tem cara séria. (E dizem que, na manga, a carta a mais.)
Os guardas não guardaram suas impressões patais.
Se roubam a despensa, ou se o ouro for levado,
Ou quando some o leite, e algum Pequim é asfixiado,

Or the greenhouse glass is broken, and the trellis past repair —
Ay, there's the wonder of the thing! Macavity's not there!

And when the Foreign Office find a Treaty's gone astray,
Or the Admiralty lose some plans and drawings by the way,
There may be a scrap of paper in the hall or on the stair —
But it's useless to investigate — Macavity's not there!
And when the loss has been disclosed, the Secret Service say:
'It must have been Macavity!' — but he's a mile away.
You'll be sure to find him resting, or a-licking of his thumbs,
Or engaged in doing complicated long division sums.

Macavity, Macavity, there's no one like Macavity,
There never was a Cat of such deceitfulness and suavity.
He always has an alibi, and one or two to spare:
At whatever time the deed took place — MACAVITY WASN'T THERE!
And they say that all the Cats whose wicked deeds are widely known
(I might mention Mungojerrie, I might mention Griddlebone)
Are nothing more than agents for the Cat who all the time
Just controls their operations: the Napoleon of Crime!

A estufa é estilhaçada e a grade não resistirá —
Que coisa curiosa, pois *Mauválio não está!*

E quando o Ministério perde seus papéis secretos,
Ou lá do Almirantado somem planos e projetos,
Alguma folha resta, ali, por onde você vá —
Mas não adianta investigar — *Mauválio não está!*
E o Serviço Secreto diz que está mais do que certo:
"Só *pode* ser Mauválio" — mas ele não está por perto.
Ele está calmo, descansando, ou lambendo o dedão,
Ou na sua matemática, uma longa divisão.

Mauválio, Mauválio, esse gato que é uma raridade,
Ninguém tem mais ardis, ninguém tem mais suavidade.
Tem álibi e tem outro se o primeiro não prestava:
Na hora em que tudo se deu, MAUVÁLIO NÃO ESTAVA!
E dizem que os malvados que encontramos no caminho
(Digamos Mingogério, ou digamos Churrasquinho)
Serão meros agentes de um mandante mais sublime:
O gato que os controla e que é o Napoleão do Crime!

Gus: The Theatre Cat

Gus is the Cat at the Theatre Door.
His name, as I ought to have told you before,
Is really Asparagus. That's such a fuss
To pronounce, that we usually call him just Gus.
His coat's very shabby, he's thin as a rake,
And he suffers from palsy that makes his paw shake.
Yet he was, in his youth, quite the smartest of Cats —
But no longer a terror to mice and to rats.
For he isn't the Cat that he was in his prime;
Though his name was quite famous, he says, in its time.
And whenever he joins his friends at their club
(Which takes place at the back of the neighbouring pub)
He loves to regale them, if someone else pays,
With anecdotes drawn from his palmiest days.
For he once was a Star of the highest degree —
He has acted with Irving, he's acted with Tree.
And he likes to relate his success on the Halls,
Where the Gallery once gave him seven cat-calls.
But his grandest creation, as he loves to tell,
Was Firefrorefiddle, the Fiend of the Fell.

'I have played', so he says, 'every possible part,
And I used to know seventy speeches by heart.
I'd extemporize back-chat, I knew how to gag,
And I knew how to let the cat out of the bag.
I knew how to act with my back and my tail;
With an hour of rehearsal, I never could fail.
I'd a voice that would soften the hardest of hearts,
Whether I took the lead, or in character parts.

Zé: o Gato do Teatro

Zé vive lá na Entrada do Teatro.
E, como se sabe a três por quatro,
Seu nome é Sanzuzé. O problema é que é
Tão comprido dizer, que ele vira só Zé.
Seu pelo é bem ralo, ele é magro esquelético.
Numa pata ele sofre um tremor bem frenético.
Quando jovem seria um astuto gatinho —
Só não mete mais medo num pobre ratinho.
Pois não é mais o gato que foi no apogeu;
Mas seu nome, ele insiste, ninguém esqueceu.
Quando vai seus amigos no clube encontrar
(O tal clube tem sede nos fundos do bar)
Ele narra feliz, se pagarem bebida,
Histórias de dias melhores na vida.
Pois um dia foi astro dos mais talentosos —
E contracenou com atores famosos.
E ele adora contar umas atuações,
Como quando ganhou umas sete ovações.
Mas seu grande sucesso, ele sempre relata,
Era Mismurimório, o Demônio da Mata.

"Eu já fiz", ele diz, "peças grandes, pequenas,
E sabia de cor mais de setenta cenas.
Improvisos ou cacos, nada me derruba —
Eu sabia se tinha algum gato na tuba.
Conseguia atuar com as costas e o rabo;
Uma hora de ensaio só e pronto, eu me acabo.
Minha voz comovia o mais vil coração,
No papel de galã, no papel de vilão.

*I have sat by the bedside of poor Little Nell;
When the Curfew was rung, then I swung on the bell.
In the Pantomime season I never fell flat,
And I once understudied Dick Whittington's Cat.
But my grandest creation, as history will tell,
Was Firefrorefiddle, the Fiend of the Fell.'*

*Then, if someone will give him a toothful of gin,
He will tell how he once played a part in* East Lynne.
*At a Shakespeare performance he once walked on pat,
When some actor suggested the need for a cat.
He once played a Tiger — could do it again —
Which an Indian Colonel pursued down a drain.
And he thinks that he still can, much better than most,
Produce blood-curdling noises to bring on the Ghost.
And he once crossed the stage on a telegraph wire,
To rescue a child when a house was on fire.
And he says: 'Now, these kittens, they do not get trained
As we did in the days when Victoria reigned.
They never get drilled in a regular troupe,
And they think they are smart, just to jump through a hoop.'
And he'll say, as he scratches himself with his claws,
'Well, the Theatre's certainly not what it was.
These modern productions are all very well,
But there's nothing to equal, from what I hear tell,
    That moment of mystery
    When I made history
As Firefrorefiddle, the Fiend of the Fell.'*

Eu cuidava dos Fósforos da Menininha.
E soava meu sino quando a hora vinha.
Pantomima nenhuma também me derrota,
Se já fui o dublê do tal Gato de Botas.
Mas meu grande sucesso, a história consta,
Foi Mismurimório, o Demônio da Mata."

E se alguém lhe bancar um dedinho de gim,
Ele narra um papel de uma peça xinfrim.
Numa peça de Shakespeare entrou bem no ato,
Quando alguém sugeriu incluírem um gato.
Uma vez fez um Tigre — ele pode mostrá-lo —
Que algum coronel empurrava pro ralo.
Acha que ainda pode, e sem grande custo,
Provocar arrepios e matar só de susto.
E uma vez pelo palco ele andou numa corda,
Pra salvar um menino do fogo, recorda.
E diz: "Hoje em dia ninguém tem mais treino
Como nós lá do tempo do último reino.
Eles nunca frequentam de fato uma escola,
E se acham demais só de entrar pela argola".
E diz e se coça com a ponta da garra,
"O teatro de hoje virou uma farra.
Essas peças modernas são boas, sensatas,
Mas não há nada igual, pelo que se constata,
    Ao momento de glória
    Em que entrei para a história
Como Mismurimório, o Demônio da Mata".

Bustopher Jones: The Cat about Town

Bustopher Jones is not skin and bones —
In fact, he's remarkably fat.
He doesn't haunt pubs — he has eight or nine clubs,
For he's the St. James's Street Cat!
He's the Cat we all greet as he walks down the street
In his coat of fastidious black:
No commonplace mousers have such well-cut trousers
Or such an impeccable back.
In the whole of St. James's the smartest of names is
The name of this Brummell of Cats;
And we're all of us proud to be nodded or bowed to
By Bustopher Jones in white spats!

His visits are occasional to the Senior Educational
And it is against the rules
For any one Cat to belong both to that
And the Joint Superior Schools.
For a similar reason, when game is in season
He is found, not at Fox's, but Blimp's;
But he's frequently seen at the gay Stage and Screen
Which is famous for winkles and shrimps.
In the season of venison he gives his ben'son
To the Pothunter's succulent bones;
And just before noon's not a moment too soon
To drop in for a drink at the Drones.
When he's seen in a hurry there's probably curry
At the Siamese — or at the Glutton;
If he looks full of gloom then he's lunched at the Tomb
On cabbage, rice pudding and mutton.

Bistovão Colosso: o Gato Aristocrata

Bistovão Colosso *não é* pele e osso —
Ele é mais do que gordo, de fato.
Não frequenta esses bares — frequenta *lugares*,
Pois é um bicho da noite, esse gato!
Todos lhe dizem oi, quando vai, quando foi
Com seu sobretudo pretíssimo:
Nenhum gato à toa usa calças tão boas
Ou tem o seu porte eretíssimo.
Neste bairro brilhante, o mais elegante
É esse gato que foge das fainas;
Nos orgulha, eu atesto, um aceno ou um gesto
De Bistovão Colosso de brancas polainas!

Faz visita ocasional ao mundo educacional
E é contra seus valores
Que um gato qualquer pertença sequer
Às ditas escolas superiores.
Pela mesma razão, quando chega a estação
De caçar as raposas, faisões;
Ele é visto demais, nos bares teatrais
Famosos por seus camarões.
Quanto à carne de caça, ele estima a que assa
E que sobra em qualquer churrasquinho;
E logo bem cedo, ele bebe só um dedo
No clube, mas nunca sozinho.
Só é visto com pressa, se há comes à beça
No *Siamês* ou no *Glutão*;
Se parece tristonho, seu jantar foi medonho:
Repolho, cordeiro sem molho, com pão.

So, much in this way, passes Bustopher's day —
At one club or another he's found.
It can cause no surprise that under our eyes
He has grown unmistakably round.
He's a twenty-five pounder, or I am a bounder,
And he's putting on weight every day:
But he's so well preserved because he's observed
All his life a routine, so he'll say.
And (to put it in rhyme) 'I shall last out my time'
Is the word of this stoutest of Cats.
It must and it shall be Spring in Pall Mall
While Bustopher Jones wears white spats!

E assim se comprovam os dias de Bistovão —
Num clube com sua corriola.
E não é coisa rara, que bem na nossa cara,
Ele tenha virado uma bola.
Tem mais de dez quilos, aposto, tranquilo,
E seu peso é maior cada dia:
Mas é bem preservado, por ter observado,
Uma mesma rotina, eu diria.
E (pra dizer numa rima) "Nada me desanima"
É a palavra que dele se arranca.
Tem que ser primavera, em toda a Inglaterra,
Se Bistovão Colosso usa polainas brancas.

Skimbleshanks: The Railway Cat

There's a whisper down the line at 11.39
When the Night Mail's ready to depart,
Saying 'Skimble where is Skimble has he gone to hunt the thimble?
We must find him or the train can't start.'
All the guards and all the porters and the stationmaster's daughters
They are searching high and low,
Saying 'Skimble where is Skimble for unless he's very nimble
Then the Night Mail just can't go.'
At 11.42 then the signal's nearly due
And the passengers are frantic to a man —
Then Skimble will appear and he'll saunter to the rear:
He's been busy in the luggage van!
> He gives one flash of his glass-green eyes
>> And the signal goes 'All Clear!'
> And we're off at last for the northern part
>> Of the Northern Hemisphere!

You may say that by and large it is Skimble who's in charge
Of the Sleeping Car Express.
From the driver and the guards to the bagmen playing cards
He will supervise them all, more or less.
Down the corridor he paces and examines all the faces
Of the travellers in the First and in the Third;
He establishes control by a regular patrol
And he'd know at once if anything occurred.
He will watch you without winking and he sees what you are thinking
And it's certain that he doesn't approve
Of hilarity and riot, so the folk are very quiet
When Skimble is about and on the move.

Chulipa: o gato ferroviário

Um sussurro já se move, bem às 11h39.
Quando o Trem Postal já vai,
Diz, "Chulipa, ô Chulipa, foi soltar alguma pipa?
Volta, ou nosso trem não sai".
Pelas vias, pelos trilhos, funcionários e seus filhos
Foram todos procurar,
Só "Chulipa, ô Chulipa, pois se ele não participa
O correio vai parar".
São 11h42 e o horário então já foi-se
Todos só falam bobagem —
E ele vem de supetão, corre para o seu vagão:
Só cuidava da bagagem!
     Seu olho verde-vidro dá o sinal
         E a sirene soa forte.
     Seguimos para o mais setentrional
         Deste hemisfério norte!

De maneira mais geral, é Chulipa o maioral
Desse trem, do início ao fim.
Bilheteiros, maquinistas e os maleiros mais farristas,
Manda em todos, digamos assim.
Anda pelo corredor, olha bem cada senhor
Da Primeira e da Terceira;
Sabe tudo, ele se orgulha, porque faz sua patrulha
Vê sempre qualquer besteira.
E te encara cem por cento, sabe até seu pensamento
E é notório, não aceita
Risos, modos indiscretos, ficam todos bem quietos
Se Chulipa está à espreita.

You can play no pranks with Skimbleshanks!
    He's a Cat that cannot be ignored;
So nothing goes wrong on the Northern Mail
    When Skimbleshanks is aboard.

Oh it's very pleasant when you have found your little den
With your name written up on the door.
And the berth is very neat with a newly folded sheet
And there's not a speck of dust on the floor.
There is every sort of light — you can make it dark or bright;
There's a button that you turn to make a breeze.
There's a funny little basin you're supposed to wash your face in
And a crank to shut the window if you sneeze.
Then the guard looks in politely and will ask you very brightly
'Do you like your morning tea weak or strong?'
But Skimble's just behind him and was ready to remind him,
For Skimble won't let anything go wrong.
    And when you creep into your cosy berth
        And pull up the counterpane,
    You are bound to admit that it's very nice
    To know that you won't be bothered by mice —
    You can leave all that to the Railway Cat,
        The Cat of the Railway Train!

In the middle of the night he is always fresh and bright;
Every now and then he has a cup of tea
With perhaps a drop of Scotch while he's keeping on the watch,
Only stopping here and there to catch a flea.
You were fast asleep at Crewe and so you never knew
That he was walking up and down the station;
You were sleeping all the while he was busy at Carlisle,

    Ninguém complica esse Chulipa!
       Ele é um gato importante, concordo;
    Nada ocorre no seu turno, Trem Noturno,
       Se Chulipa está à bordo.

Como é bom achar um ninho, seu lugar, o seu cantinho
Com seu nome lá na porta.
Com o leito já arrumado e um lençol bem esticado,
Tudo limpo, que é o que importa.
Você ajeita um anteparo — fica escuro, fica claro;
Um botão só faz ventar;
Se quiser, você debruça, numa pia e lava a fuça
E a janela fecha, se você espirrar.
E aparece o condutor, a perguntar, com bom humor.
"O senhor quer seu chá forte ou fraco?"
Mas Chulipa vem no embalo, e não deixa de lembrá-lo,
Que o serviço ali não pode ter buraco.
    E ao deitar no leito fofo
      E fechar sua cortina,
     Você admite sua felicidade suprema
     De saber que os ratos não serão problema —
     E deixa tudo também com o Gato do Trem
       Na Via Férrea Felina!

Alta e funda madrugada, sua mente está aguçada;
Toma um chá, mas não divulga
Que acrescenta algum uísque, para evitar que pisque,
Enquanto cata alguma pulga.
Você tinha adormecido, pode nunca ter sabido
Que na parada ele andou pela estação;
Bem no meio da soneca, nem percebe que o trem breca,

Where he greets the stationmaster with elation.
But you saw him at Dumfries, where he summons the police
If there's anything they ought to know about:
When you get to Gallowgate there you do not have to wait —
For Skimbleshanks will help you to get out!
> *He gives you a wave of his long brown tail*
> > *Which says: 'I'll see you again!*
> *You'll meet without fail on the Midnight Mail*
> > *The Cat of the Railway Train.'*

E ele é cumprimentado com toda satisfação.
Mas registra com delícia, que ele até chama a polícia,
Se de algo eles tiverem que saber:
Ao chegar ao terminal, tudo é fácil, afinal —
O Chulipa te ajuda a descer!
    Um aceno não tarda, da longa cauda parda
        Que diz: "Essa viagem não termina!
    Você pode me rever sempre que percorrer
        A Via Férrea Felina".

The Ad-dressing of Cats

*You've read of several kinds of Cat,
And my opinion now is that
You should need no interpreter
To understand their character.
You now have learned enough to see
That Cats are much like you and me
And other people whom we find
Possessed of various types of mind.
For some are sane and some are mad
And some are good and some are bad
And some are better, some are worse —
But all may be described in verse.
You've seen them both at work and games,
And learnt about their proper names,
Their habits and their habitat:
But*

    How would you ad-dress a Cat?

*So first, your memory I'll jog,
And say: A CAT IS NOT A DOG.
Now Dogs pretend they like to fight;
They often bark, more seldom bite;
But yet a Dog is, on the whole,
What you would call a simple soul.
Of course I'm not including Pekes,
And such fantastic canine freaks.
The usual Dog about the Town
Is much inclined to play the clown,
And far from showing too much pride*

Inter-pelar um Gato

Falei de tudo quanto é Gato,
Portanto agora eu só constato:
Você não tem impedimento
Pra ler o seu temperamento.
Pelo já dito você vê
Que os Gatos são como você
Ou eu, ou nós, ou tanta gente:
Que cada um é diferente.
Se um é são, outro é bem louco,
Alguns são tanto, outros tão pouco.
Um é resposta, outro é problema —
Mas cabem todos num poema.
Você viu gordos e viu fome,
Ficou sabendo do seu nome,
Seus hábitos e seu formato:
Mas
     Como inter-pelar um Gato?

Primeiro, breve anotação:
Recorde: GATO NÃO É CÃO.
Cães amam simular desordem
E latem, mas nem sempre mordem;
Mas no geral um cão seria
Uma alma simples, eu diria.
É claro que há também Pequins,
Canídeos monstros e mastins.
Mas apesar do estardalhaço
Um cão normal é mais palhaço
E longe de ser orgulhoso

Is frequently undignified.
He's very easily taken in —
Just chuck him underneath the chin
Or slap his back or shake his paw,
And he will gambol and guffaw.
He's such an easy-going lout,
He'll answer any hail or shout.

Again I must remind you that
A Dog's a Dog — A CAT'S A CAT.

With Cats, some say, one rule is true:
Don't speak till you are spoken to.
Myself, I do not hold with that —
I say, you should ad-dress a Cat.
But always keep in mind that he
Resents familiarity.
I bow, and taking off my hat,
Ad-dress him in this form: O CAT!
But if he is the Cat next door,
Whom I have often met before
(He comes to see me in my flat)
I greet him with an OOPSA CAT!
I've heard them call him James Buz-James —
But we've not got so far as names.
Before a Cat will condescend
To treat you as a trusted friend,
Some little token of esteem
Is needed, like a dish of cream;
And you might now and then supply
Some caviare, or Strassburg Pie,

É normalmente vergonhoso.
É fácil pôr um cão na linha —
É só fazer uma cosquinha,
Ou um carinho no seu queixo,
Que ele é só riso e remelexo.
É gente boa e tão tranquilo
Que atende sempre, sem estrilo.

E não se esqueça deste fato:
Que cão é cão — e GATO É GATO.

Há uma regra sugestiva:
Deixar ao Gato a iniciativa.
Eu acho isso muito chato —
Por mim, que se inter-pele o Gato.
Mas eles sempre, isso é verdade,
Detestam muita intimidade.
Para evitar um desacato,
Eu inter-pelo: OH, CARO GATO!
Mas, sendo o gato do vizinho,
Que vejo sempre no caminho
(Que me visita, e que é cordato)
Eu digo UPA LÁ, SEU GATO!
Seu nome, eu acho, é Téo Tão Tonto,
Mas não chegamos a tal ponto.
Pra um gato vir a tolerar
Ser seu amigo e te aceitar,
Dê algo que ele não rejeite
Como um pratinho só com leite;
De vez em quando aceitará
Um caviar, ou um foie gras,

Some potted grouse, or salmon paste —
He's sure to have his personal taste.
(I know a Cat, who makes a habit
Of eating nothing else but rabbit,
And when he's finished, licks his paws
So's not to waste the onion sauce.)
A Cat's entitled to expect
These evidences of respect.
And so in time you reach your aim,
And finally call him by his NAME.

So this is this, and that is that:
And there's how you AD-DRESS A CAT.

Uma compota ou um salmão
Mas cada qual tem sua opção.
(Eu sei de um que é bem fedelho
E exige só comer coelho,
E quando acaba, lambe a pata
Sorvendo o caldo de batata.)
O Gato exige, por direito
Ter essas mostras de respeito.
E o seu receio um dia some,
E enfim você diz o seu NOME.

Pois ganso é ganso, e pato é pato.
É assim que se INTER-PELA UM GATO.

Cat Morgan Introduces Himself

I once was a Pirate what sailed the 'igh seas —
 But now I've retired as a com-mission-aire:
And that's how you find me a-takin' my ease
 And keepin' the door in a Bloomsbury Square.

I'm partial to partridges, likewise to grouse,
 And I favour that Devonshire cream in a bowl;
But I'm allus content with a drink on the 'ouse
 And a bit o' cold fish when I done me patrol.

I ain't got much polish, me manners is gruff,
 But I've got a good coat, and I keep meself smart;
And everyone says, and I guess that's enough:
 'You can't but like Morgan, 'e's got a kind 'art.'

I got knocked about on the Barbary Coast,
 And me voice it ain't no sich melliferous horgan;
But yet I can state, and I'm not one to boast,
 That some of the gals is dead keen on old Morgan.

So if you 'ave business with Faber — or Faber —
 I'll give you this tip, and it's worth a lot more:
You'll save yourself time, and you'll spare yourself labour
 If jist you make friends with the Cat at the door.

MORGAN.

O Gato Bento se apresenta

Eu era Pirata, singrei Sete Mar —
    Mas se aposentei e piciso de grana;
Por isso cêis me acha aqui nesse lugar,
    Cuidano da porta dum prédio bacana.

Apriceio cumê tudo os bicho de asa
    E um leite bem gordo, no prato ou na cuia;
Aceito uns golinho pur conta da casa
    E um pêxe sargado, dispois da patruia.

Sô meio grossero, sô meio sem jeito,
    Mas cuido do pelo, ando tudo pimpão.
Os povo comenta, e pra mim tá perfeito:
    "O Bento é direito, tem bão coração."

Sufri coisas feia nos mar do estrangero,
    A voz é orrive, num tenho talento;
Mas posso afirmá, e eu não sô de exagero,
    Que tem umas moça que adora esse Bento.

Então, pra falá co chefão, o iditor,
    Te dô essa dica, que é tudo que importa:
É muito mais útil, tem bem mais valor,
    Fazê amizade co Gato da porta.

BENTO.

Notas

P. 11
Para Jean Verdenal: Verdenal foi um poeta que Eliot conheceu em Paris e que morreu nos Dardanelos, lutando na Primeira Guerra Mundial.

P. 11
Or puoi la quantitate: A epígrafe do volume vem do "Purgatório" (XXI, 133-6) de *A divina comédia* de Dante Alighieri, numa cena em que o poeta romano Estácio reconhece Virgílio, que guia o Peregrino, e se joga aos seus pés. Virgílio recusa sua homenagem, dizendo que ali eles são apenas sombras. O sentido geral da fala de Estácio: "Agora podes compreender a quantidade do amor por ti que me aquece, quando esqueço nossa desimportância, tratando as sombras como coisas sólidas".

P. 13
S'io credesse que mia risposta fosse: A epígrafe vem do "Inferno" (XXVII, 61-6) de *A divina comédia*. Uma tradução em prosa seria: "Se acreditasse que minha resposta se destinava a alguém que um dia voltaria ao mundo [dos vivos], esta chama se apagaria de imediato. Mas como jamais, se o que ouço é verdade, alguém voltou vivo deste abismo, sem temer vergonha te respondo".

P. 25
Thou hast committed: "Tu cometeste — Fornicação: mas isso foi

em outras terras, e além de tudo a rapariga já morreu". A citação vem do ato IV, cena I, de *O judeu de Malta*, de Christopher Marlowe. A primeira linha é do frei Bernardino, que é então interrompido por Barrabás (o "judeu" do título), a quem pretendia acusar.

P. 53
Matthew e Waldo, guardiães da fé: Matthew Arnold e Ralph Waldo Emerson.

P. 55
Ω τῆς καινότητος Ἡράκλεις: A epígrafe vem dos *Diálogos dos mortos*, de Luciano de Samósata. Aqui, é citado o diálogo entre o pintor Zêuxis e o rei Antíoco: "Ah, por Hércules, que homem inventivo de novidade e paradoxo!".

P. 61
O quam te memorem virgo: O título italiano do poema se traduz por "A moça que chora" ou, mais diretamente, "A filha que chora". A epígrafe, latina, vem do primeiro livro da *Eneida* (I, 326-7). No trecho citado, Eneias é confrontado por sua mãe, a deusa Vênus, que no entanto está disfarçada de caçadora, mortal. É então que ele pergunta a ela: "Como hei de te chamar, ó virgem".

P. 65
Thou hast nor youth nor age: O título grego do poema significa "velhinho". A epígrafe shakespeariana vem de *Medida por medida* (ato III, cena I). Na cena um personagem diz a outro que a morte é consequência natural de uma vida que é por definição passageira. "Tu não tens juventude nem idade,/ Mas como se fosse mera sesta depois da refeição/ Sonhando com essas duas coisas."

P. 71

Tra-la-la-la-la-laire — nil nisi divinum: O Baedeker do título era o mais famoso guia de viagens do século XIX e da primeira metade do XX. A epígrafe é formada de recortes. De início o canto de um gondoleiro, extraído das *Variations sur le carnaval de Venise*, de Théophile Gautier; o trecho latino ("Nada além do divino permanece; o resto é fumaça") viria de uma inscrição numa representação de São Sebastião, do italiano Andrea Mantegna; o excerto seguinte é uma versão editada (para retirar daqui também a referência direta a Veneza) de *Os papéis de Aspern*, de Henry James; a ele se segue uma citação de uma fala do protagonista do *Otelo*, de Shakespeare (ato IV, cena I), emendada com um recorte de *Uma Toccata de Gallupi*, de Robert Browning; o trecho final vem de uma mascarada de John Marston que, como todos os outros textos, tem relação com Veneza.

P. 75

E as árvores em torno a mim: A epígrafe vem da peça *The Maid's Tragedy*, de Beaumont & Fletcher (1619). Na cena, Aspatia, abandonada por seu amado, se imagina como Ariadne, esquecida na ilha de Naxos, uma das Cíclades. Sua criada, Antiphilia, fizera um bordado que evoca a cena mítica, e ela aqui corrige pequenos detalhes, e pede que reelabore a peça. O título do poema, assim como o fato de o personagem estar se barbeando, faz referência a Sweeney Todd, o barbeiro assassino, tema de um folhetim já em 1846.

P. 81

"Um ovo para cozinhar": A ideia por trás do título vem do costume de algumas donas de casa de usar ovos menos frescos quando queriam servir ovos cozidos.

P. 81

En l'an trentiesme de mon aage: A epígrafe provém dos dois primeiros versos de *Le Grand Testament* (1461), de François Villon (1431-1463?). "No trigésimo ano de minha vida, quando já bebera todas as minhas vergonhas..."

P. 85

Le Directeur: A referência mais direta é ao jornal (posteriormente uma revista) *The Spectator*.

P. 87

Mélange Adultère de Tout: O título, um pouco ambíguo, significa algo como "Mistura adúltera de tudo" ou talvez "Mistura de todo adúltera". Um *jemenfoutiste* seria um "estou-pouco-me--fudentista". *Emporheben* é terminologia hegeliana; seu sentido é algo como "exaltação".

P. 91

E, quando esta epístola tiver sido lida: A epígrafe vem da epístola de São Paulo aos Colossenses (4,16).

P. 99

Sussurros de imortalidade: Em estágio de manuscrito o poema se chamava "Tente isso no seu piano".

P. 103

Olhe, olhe, mestre: A epígrafe vem da primeira cena do quarto ato da peça de Marlowe. A mesma de onde sai a de "Retrato de uma senhora". A expressão grega da segunda estrofe se traduz por "O Um".

P. 107

Sweeney entre os rouxinóis: Alguns dicionários de gíria do período apontam que "rouxinóis" poderiam ser prostitutas.

P. 107

ὤμοι, πέπληγμαι καιρίαν πληγὴν ἔσω: A epígrafe, apesar de alterada, provém do *Agamêmnon*, de Ésquilo (v. 1343), e significa algo como "Ah, fui ferido mortalmente". Trata-se do grito do rei, Agamêmnon, no momento em que sua esposa, Clitemnestra, o mata durante o banho, como vingança pelo fato de o marido ter sacrificado a filha Ifigênia para conseguir que os deuses o ajudassem durante a guerra de Troia.

P. 111

Nam Sibylla quidem Cumis ego: Petrônio, *Satyricon*. "Pois eu mesmo vi com meus olhos a sibila de Cumas pendurada dentro de uma jarra, e quando os rapazes lhe diziam: *Sibila, o que queres?* ela respondia: *quero morrer*." Segundo Ovídio, nas *Metamorfoses*, a sibila foi enganada por Apolo, que lhe ofereceu um pedido em troca de sua virgindade. Ela pediu a vida eterna, mas esqueceu de pedir a manutenção da juventude. Viveu mais de mil anos, diminuindo com a idade, até precisar ser guardada numa jarra, de onde no fim só saía sua voz. Vale notar a preferência de Eliot pela citação direta (não às *Metamorfoses* propriamente ditas) de uma cena em que o ridículo novo rico Trimalquião tenta em vão demonstrar sua sofisticação no romance de Petrônio.

P. 111

il miglior fabbro: Dante, *A divina comédia*, "Purgatório" (XXVI, 117). O verso original se refere ao poeta provençal Arnault Daniel, que teria sido "*il miglior fabbro del parlar materno*", ou *o melhor artesão da língua materna*. A escolha alude claramente ao trabalho de "editor" que Pound realizou na versão originalmente publicada do poema.

P. 113
Bin gar keine Russin, stamm' aus Litauen, echt deutsch: Em alemão, "Que russa que nada, eu sou da Lituânia, alemã de verdade".

P. 115
Frisch weht der Wind: "Fresco sopra o vento/ Que leva para casa,/ Minha criança irlandesa,/ Onde te demoras?". Citação do primeiro ato (versos 5-8) da ópera *Tristão e Isolda*, de Richard Wagner.

P. 115
Oed' und Leer das Meer: "Vazio e desolado, o mar". *Tristão e Isolda*, ato III, verso 24.

P. 115
São pérolas o que seus olhos foram: Shakespeare, *A tempestade* (ato I, cena II).

P. 117
Santa Maria Woolnoth: Igreja no centro de Londres.

P. 117
hypocrite lecteur! — mon semblable, — mon frère!: Em francês, "Tu! leitor hipócrita! — meu semelhante, — meu irmão!". Baudelaire, prefácio a *As flores do mal*, verso 40.

P. 119
O assento em que ela estava: Reelaboração de Shakespeare, *Antô-*

nio e Cleópatra (ato II, cena II): "A barca em que estava, qual trono brilhante, na água luzia [...]".

P. 129
Et, o ces voix d'enfants, chantant dans la coupole!: "Ah, essas vozes de crianças que cantam na cúpula". Último verso do soneto "Parsifal", de Paul Verlaine. Mais uma referência ao mito arturiano, portanto, e à busca pelo Santo Graal. No poema, Parsifal se desembaraça da tentação representada pelas mulheres, voltando ao Graal.

P. 153
Fourmillante cité...: "Fervilhante cidade, cheia de sonhos,/ Onde o espectro em pleno dia agarra o passante".

P. 153
sì lunga tratta...: "Tão longa e cheia/ de gente, que eu não teria acreditado,/ que a morte tivesse desfeito tantos".

P. 153
Quivi, secondo che per ascoltare: "Lá, que de se escutar,/ não tinha pranto, mas apenas suspiros,/ que a aura eterna faziam estremecer".

P. 153
dependent lychni laquearibus aureis...: "Pendem do teto dourado lâmpadas/ acesas, e a noite com suas chamas as tochas vencem".

P. 155
Cf. Webster: "Is the wind in that door still?": "O vento ainda está naquela porta?". A referência é à peça *The Devil's Law Case*, em que o vento passando sob a porta seria prova de que um assassino está escondido do outro lado.

P. 155
Cf. Marvell, "To his Coy Mistress": "À sua recatada amada", poema mais conhecido de Andrew Marvell.

P. 155
When of the sudden, listening...: *O parlamento das abelhas*, peça mais conhecida do dramaturgo elisabetano John Day. "Quando súbito, prestando atenção, você há de ouvir,/ Ruído de trompas e caça, que levarão/ Ácteon até Diana na fonte,/ Onde todos verão sua pele nua..."

P. 155
As passas eram vendidas: O "C.i.f" do original, portanto, se refere a "Cost, insurance, freight". Pequena nota de tradução: apesar de *currants* hoje normalmente se referir a frutas da família da groselha, o sentido no texto (ainda dicionarizado) é de fato de uvas-passas sem semente, na época sempre importadas do oriente.

P. 157
Cum Iunone iocos et 'maior vestra profecto est...: "Ele [Júpiter] brincava com Juno e disse 'declaro que o prazer que vocês sentem é maior do que o dos homens'. Ela nega; decidiram pedir a opinião do sábio Tirésias: ele conhecia o amor dos dois pontos de vista. Pois um dia bateu com seu cajado em duas serpentes que copulavam na selva verdejante e, miraculosamente, foi transformado de homem que era em mulher e passou sete anos assim; no oitavo, viu de novo as duas e disse 'se a maldição de vocês tem o poder de transformar uma pessoa em seu contrário, baterei de novo!' e assim voltou a sua forma original. Como árbitro, assim, daquela disputa, confirmou o ponto de vista de Jove; Juno não ficou satisfeita com sua decisão e condenou sua visão às trevas, e o pai onipotente (pois

não pode um deus desfazer o que outro fez) deu-lhe o poder de enxergar o futuro, e o castigo foi acompanhado de uma honra".

P. 157
The Vicar of Wakefield: *O Vigário de Wakefield*, peça do dramaturgo irlandês Oliver Goldsmith (1766).

P. 159
Götterdämmerung: *O crepúsculo dos deuses*, ópera de Richard Wagner, última parte da tetralogia *O anel do Nibelungo*.

P. 159
Ricorditi di me...: "Recorda-te de mim, que sou a Pia;/ Siena me fez, desfez-me Marema".

P. 161
Handbook of Birds of Eastern North America: *Guia dos pássaros do leste da América do Norte*, Frank Chapman.

P. 161
não recordo qual: O fato se deu na primeira expedição de Shackleton à Antártica (1914-7), e foi relatado em seu livro *South*, publicado em 1919.

P. 161
Blick ins Chaos: *Visão do caos* (1920). "Logo meia Europa, logo no mínimo metade oriental da Europa está no caminho do caos, segue embriagada numa ilusão sagrada para a beira do abismo e canta, canta embriagada e eclesiástica como cantava Dmitri Karamázov. Dessas canções ri ofendido o cidadão, o santo e vidente as ouve com lágrimas."

P. 163
they'll remarry...: "Vão se casar novamente/ antes que o verme fure tua mortalha, antes que a aranha/ faça fina cortina para teus epitáfios".

P. 163
ed io sentii chiavar l'uscio di sotto: "e ouvi ser fechada com pregos a porta de baixo da horrível torre".

P. 163
Appearance and Reality: Aparência e realidade (1893), Francis Herbert Bradley.

P. 163
Ara vos prec, per aquella valor: "'Ora vos peço, pelo poder/ que vos guia ao topo da escada,/ quando chegar a hora, lembrai-vos de minha dor.' Depois sumiu no fogo que os refina". Quem fala (em provençal) com o Peregrino é o trovador Arnaut Daniel. *Ara vos prec* foi inclusive o título da segunda publicação em livro de Eliot, que saiu apenas na Inglaterra, mudando para o mais prosaico *Poems* quando da publicação nos Estados Unidos.

P. 163
Pervigilium Veneris: Poema de autoria contestada, possivelmente do romano Tiberiano. O verso se traduz por "Quando serei como a Andorinha?".

P. 163
El desdichado: O poema, em francês, cujo título, em espanhol, significa "O infeliz", foi traduzido por Manuel Bandeira. Em sua versão, o verso citado é "Príncipe d'Aquitânia, em triste rebeldia".

P. 163
Tragédia espanhola: Peça de Thomas Kyd, no final do século XVI, que cria o gênero da peça de vingança, de que o *Hamlet* seria depois uma culminação. O subtítulo da peça já era "Jerônimo enlouqueceu de novo".

P. 165
Mistah Kurtz: Sinhô Kurtz — ele morto. A frase que confirma a morte da personagem central de *O coração das trevas*, de Joseph Conrad. Pronunciada logo depois, portanto, de suas famosas últimas palavras: "o horror, o horror". Vale registrar que a cena da morte de Kurtz seria originalmente a epígrafe de *A terra devastada*.

P. 167
Uma moeda para o Velho: A citação se refere ao costume das crianças inglesas de saírem pela rua pedindo uma moeda no dia 5 de novembro, que celebra a memória de Guy Fawkes, líder do dito "complô da pólvora", em 1605. Mas a inclusão do adjetivo "velho" já sugeriu a alguns leitores que se trate de uma referência à moeda que os defuntos levariam para pagar Caronte, o barqueiro que os conduziria ao reino dos mortos.

P. 168
With eyes I dare not meet in dreams: Este último verso da parte ii, apresentado quando o poema foi publicado na revista *The Dial*, desapareceu, provavelmente por um erro, da edição em livro.

P. 189
Sovegna vos: "Lembrai-vos"... a citação em provençal medieval vem do mesmo trecho da *Comédia* que já foi citado no final de *A terra devastada*. Este mesmo trecho forneceu títulos provisórios

para algumas das partes de "Quarta-Feira de Cinzas", e para um volume, *Ara vos prec*, que em 1919 reuniu poemas já publicados e alguns dos que sairiam apenas em *Poems* (1920).

P. 201
POEMAS DE ARIEL: Esses poemas foram publicados individualmente (em 1927, 1928, 1929, 1930, 1931 e 1954) como parte de uma série de livretos "natalinos", criada e promovida por Eliot em seu cargo de diretor da editora Faber.

P. 211
Animula: O título, em latim, significa "alminha".

P. 215
Quis hic locus...: "Que lugar é este, que região, que ponto do mundo?". A citação vem do *Hercules Furens* (Hércules Enfurecido), de Sêneca, verso 1138. Eliot afirmou que, ao nome da personagem do *Péricles*, de Shakespeare, que intitula o poema, ele pretendia juntar a cena em que Hércules acorda e descobre ter matado os filhos e a cena em que Péricles acorda e descobre a filha viva.

P. 221
E o primeiro advento, o segundo advento: Na edição de 1954 do poema, ele era encerrado por uma inscrição, ilustrada pelo artista David Jones. O texto latino, provindo de uma Oração Eucarística, é "*Cum Lucia et omnibus sanctis tuis intra quorum nos consortium veniae largitor admitte*" [Com Luzia e todos os teus santos a cuja companhia admite-nos, ó concessor do perdão] e está ornamentado pelas letras gregas alfa e ômega, que, por estarem no começo e no fim do alfabeto grego, representam na simbologia

cristã o começo e o fim das coisas e, no Apocalipse, Jesus Cristo. O texto grego vem de um Hino Órfico a Perséfone, e significa "florescendo na paz e na integridade generosa".

P. 223
Die Fragmente der Vorsokratiker: A fonte é *Os fragmentos dos pré-socráticos*, de Herman Diels. E as citações de Heráclito dizem "embora a razão seja comum a todos, a maioria vive como se tivesse sabedoria própria, e o caminho que sobe e o que desce são um e o mesmo".

P. 225
Burnt Norton: residência aristocrática do século XVII, em Gloucestershire, Inglaterra, visitada por Eliot em 1934.

P. 229
Erhebung: "O mais alto", conceito da filosofia hegeliana.

P. 239
East Coker: cidadezinha em Somersetshire, na Inglaterra, de onde Andrew Eliot emigrou no século XVII para a América. T.S. Eliot visitou-a duas vezes, entre 1936 e 1937.

P. 239
lema mudo: o lema da família Eliot é "Tace et fac": *Cala-te e faz*.

P. 257
The Dry Salvages: T.S. Eliot passou dezenas de verões na região antes de sair dos Estados Unidos. A pronúncia que ele recomenda teria um acento na segunda sílaba, que seria o ditongo *ei*, à diferença da pronúncia "normal" da palavra *salvage* (objeto recuperado de um desastre, de um naufrágio), que teria acento na

primeira sílaba. A origem do nome baseia-se apenas, como ele mesmo reconheceria, na imaginação de Eliot.

P. 271

Figlia del tuo figlio, / Rainha do Céu: duas citações de *A divina comédia* (Paraíso, XXXIII, 1; e XXXI, 100-1). Filha do teu filho (no original *figlia del tuo figlio*). *Regina del Cielo*.

P. 277

Little Gidding: pequena cidade inglesa, conhecida por ter sido sede de uma comunidade religiosa (fundada em 1626), que tentava criar narrativas coerentes para unir os evangelhos e outros livros da Bíblia. A comunidade foi desfeita pela perseguição de Oliver Cromwell, em 1647. T.S. Eliot visitou o local em 1936.

P. 297

VELHO GAMBÁ: "Old Possum", o "Velho Gambá", era o apelido que Ezra Pound dava a Eliot. A referência possivelmente era ao personagem "Br'er Possum" do folclore americano. Com o tempo, Eliot começou a usá-lo em referência à expressão "to play possum", ou "fazer-se de morto".

P. 299

Este livro é dedicado...: a dedicatória é para os afilhados de Eliot (Faber, Tandy e Morley) e para uma prima pequena do poeta que, nas palavras dele, "achava" que alguns dos poemas foram escritos para ela. Muito já se especulou sobre quem seria o homem das polainas brancas. Mas em certas ocasiões parece certo que Eliot usava o epíteto para se referir a si próprio, na figura de um dândi. As polainas (coberturas de tecido para evitar que as calças se sujassem com a graxa dos sapatos) eram normalmente cinza, para chamar menos atenção. De minha parte, fica a tradução de presente para a minha filha, os meus sobrinhos todos (bem-vinda, Gabi) e os meus "afilhados" preferidos.

Posfácio

Em 1921, Ezra Pound, figura central de todo o cânone modernista, começou uma campanha que um século depois nos parece estranhamente familiar. A ideia de sua operação *Bel Esprit* era reunir um grupo de doadores que fariam uma espécie de vaquinha para garantir a produção de um poema.

Pound escreveu pilhas de cartas a conhecidos que tivessem alguma relevância no mundo cultural da época, explicando que era absolutamente necessário resgatar um jovem poeta americano que estava no meio de uma crise nervosa, profundamente torturado por seu emprego burocrático num banco de Londres.

O dinheiro desse financiamento coletivo nunca chegou ao jovem T.S. Eliot. O esquema nunca decolou. Mas de um jeito ou de outro, aos trancos e barrancos, ele conseguiu prosseguir com o trabalho em seu poema. Era *A terra devastada*, obra que em pouco mais de um ano seria concluída e publicada, com todo tipo de auxílio do próprio Pound. Era a obra que constituiria a resposta poética ao *Ulysses* de James Joyce.

Com ou sem o emprego no banco, com ou sem a ajuda financeira dos amigos, Eliot (que já havia publicado dois livros de poesia e tinha uma atividade constante na imprensa literária inglesa) estava naquele momento prestes a revolucionar a poesia moderna, prestes a alterar de modo permanente os eixos de referência da literatura do século xx.

Ele estava simplesmente compondo o que é talvez o poema mais importante de todo o alto modernismo.

Em 1921, Pound tinha 36 anos. Woolf e Joyce, 39. Eliot era o mais jovem, com 33. E eles estavam à beira de tomar o mundo de assalto.

Pound, entre eles, era talvez o mais típico representante da ideia de um revolucionário: por sua imagem pessoal, suas atividades de agitador cultural, sua participação ativa em todos os ambientes artísticos. Virginia Woolf era no fundo uma aristocrata, o símbolo de certa vanguarda "decadentista" provinda das classes privilegiadas; bem relacionada, bem articulada como parte do dito "Grupo Bloomsbury". Joyce era obsessivamente autocentrado, isolado e algo paranoico: era em certa medida o estereótipo do criador solitário, a imagem de Dédalo, que lhe era tão próxima.

Figuras. Eram quase símbolos. Representações possíveis das pontas de lança dos tempos que viriam. Modernos.

Já Eliot, naquele momento, continuava prosaicamente bancário, empregado; era o editor de uma revista criada por ele mesmo: um rapaz com problemas pessoais de toda sorte. Ele, que nos anos seguintes viria a se descrever como um classicista em termos literários (!), um monarquista em termos políticos (!!) e um anglicano em termos religiosos (!!!). Ele, americano na Europa, acadêmico tresmalhado, fruto da mais que republicana, revolucionária e protestante Nova Inglaterra...

Mas o fato é que à sua maneira Eliot pode ter levado mais longe do que qualquer pessoa a ideia do poeta como crítico, tão cara a Pound e tão central ao modernismo. E a seu modo foi também ele quem diagnosticou, batizou e explorou da maneira mais pessoal o "método mítico" de Joyce, que permitia que o *Ulysses* se construísse sobre a *Odisseia* de Homero. Foi ele, americano, quem deu à Londres de Woolf sua mais marcante fisionomia no período, especialmente naquele "poema longo" de 1922.

Da desilusão e do niilismo de sua obra dos anos 1920 à redenção teística de sua poesia publicada já durante a Segunda Guerra Mundial; da imitação de Laforgue à criação de uma forma poética unicamente sua nos *Quartetos*, aquele "Belo Espírito" que desde jovem escrevia como que do outro lado da vida ("Eis-me aqui, um velho num mês seco"), pode ter representado um dos caminhos mais importantes da poesia do século passado.

E um dos mais singulares.

Tom Eliot pareceu ao longo da vida trilhar quase um caminho oposto ao da revolução, em seu sentido mais singelo. E mesmo assim deixou sua marca e mudou completamente a paisagem literária do século XX.

E não é isso o que buscam os revolucionários?

Boston era uma espécie de centro intelectual dos Estados Unidos desde o final do século XVIII. De lá vieram os Adams, dois dos primeiros presidentes da recém-fundada nação. De lá vinham Benjamin Franklin, Edgar Allan Poe, Nathaniel Hawthorne, Henry David Thoreau. De lá vinha Ralph Waldo Emerson, o homem que definiu muito do que ainda hoje reconhecemos como o espírito americano.

Foi neste centro, neste vulcão que se estabeleceram os Eliot, que acabaram por se tornar uma família da mais típica elite bostoniana. No entanto, quando nasce o sexto filho do empresário Henry Ware Eliot, a família estava estabelecida havia duas gerações em Saint Louis, Missouri, lugar mais afastado das incandescentes discussões políticas, filosóficas e estéticas que animavam a costa nordeste dos Estados Unidos.

Naquele 26 de setembro, 1888, quando Thomas veio ao mundo, tanto seu pai quanto sua mãe (Charlotte Champe Stearns) tinham passado dos quarenta anos. Thomas Stearns Eliot passaria a infância cercado de irmãos mais velhos. Quase vinte anos o separavam do nascimento da primeira filha do casal, e mesmo o intervalo entre ele e seu irmão mais próximo era de oito anos. Thomas seria criado portanto por pais também já mais maduros.

A importância da presença da mãe na vida do menino pode ser curiosamente antevista até no fato de ele carregar seu sobrenome, coisa nada convencional segundo os padrões americanos. A bem da verdade, Thomas era também o nome do pai de Charlotte, o que fazia que o novo Thomas trouxesse duplamente marcada sua outra filiação, externa ao cerrado clã dos Eliot.

Poeta, autora de uma biografia do sogro, Charlotte influenciou tremendamente o apego do filho mais novo à literatura. Ele retribuiria ajudando a publicar, em 1926, seu poema dramático *Savonarola*. Outro fator que pode ter empurrado o jovem Eliot para os livros foi uma infância fisicamente limitada devido a uma hérnia inguinal congênita que o obrigou a usar cintas e aparelhos por anos a fio, impossibilitando sua participação em atividades físicas na escola e no dia a dia, e certamente colaborando para o desenvolvimento de hábitos mais retraídos, de um certo isolamento.

O menino acabaria levando essa ligação com as letras à universidade. A Harvard. A Boston. É lá que ele se forma em filosofia em 1909, vindo imediatamente a ocupar uma vaga temporária de professor assistente.

Foi nessa primeira passagem por Harvard que Eliot teve contato com duas fontes que mudariam suas perspectivas de literatura e de vida. Conheceu, de um lado, a poesia do uruguaio-francês Jules Laforgue (1860-87) e, nela, o poder do verso livre, que exploraria como poucos. Curioso no entanto é que Laforgue teve essa mesma epifania décadas antes, ao ler e traduzir a obra de Walt Whitman, que estava vivo, e logo ali em Nova York, ainda quando Eliot nasceu. De outro lado, é ainda em Harvard, servindo-se de suas ricas bibliotecas, que ele começa a se interessar pela filosofia oriental, especialmente a indiana, que iria modular sua espiritualidade e toda a sua visão de mundo, mesmo nos mais convencionalmente católicos de seus poemas maduros. Basta pensarmos no trecho que é fecho e única resolução possível em *A terra devastada*, baseado num sermão budista e numa alegoria dos Upanixades.

Nos anos que se seguiram a sua formatura, Eliot trocou de continentes, tentou outros rumos. Estudou filosofia em Paris, retornou a Harvard, ingressou em Oxford. Mais uma vez em Harvard, chegou finalmente a concluir sua tese de doutoramento em filosofia. No entanto, já casado e morando em Londres, ele jamais retornou a Boston para defender a tese. Sua primeira razão teriam sido os ataques a navios americanos no oceano Atlântico, durante a Primeira Guerra. Depois... talvez a vida tenha intervindo.

O primeiro casamento de Eliot, em 1915, com Vivienne Haigh-Wood é cercado de especulações e imerso em não pouca mesquinharia. De saúde delicada, física e mentalmente, Vivienne viveu com Eliot uma relação movida por fascínio recíproco, sim, mas também por tensões financeiras, físicas e emocionais. Uma gangorra violenta que não terá sido fácil para nenhum dos dois. *A terra devastada*, por exemplo, seria segundo o próprio Eliot uma descrição do estado de espírito em que se encontrava em decorrência das sucessivas crises que a esposa vivia.

Infelizmente, não temos o mesmo acesso à voz de Vivienne. Apesar de ela ter escrito para a revista que Eliot editava, apesar de ter lido com ele as primeiras versões de seu maior poema, contribuído com sugestões, sua voz se dilui na do marido. Uma carta dela, de 1922, registra no entanto sua posição em relação ao poema e aos esforços de Eliot, ao declarar: "me parece um triunfo, para um homem que só tem as noites livres, cansado depois de trabalhar oito horas, e que enche bolsas de água quente e faz comida de inválida para sua esposa horrendamente doente, escrevendo quando pode!".

Outro elemento perturbador terá sido o fato de ela ter tido um conturbado caso com o filósofo (e conquistador serial) Bertrand Russell, que posava de protetor do jovem casal. Uma famosa entrada no diário de Virginia Woolf, em 1930, retrata a esposa de Eliot nos seguintes termos: "Ah, Vivienne! Será que já houve tortura maior nesta vida! — andar com ela nas costas, mordendo, esperneando, alucinando, arranhando, doentia, maquiada, louca, mas lúcida de enlouquecer, lendo as cartas dele, impondo a sua presença a nós, surgindo trêmula e insegura… esse saco de gatos é o que Tom carrega pendurado no pescoço".

Mesmo que se considere fiel esse retrato, mesmo que se vislumbre a situação de maneira unilateral, a forma com que Eliot lidou com o progressivo colapso da esposa jamais poderá depor a favor dele. Em 1932, ao receber um convite para um período como palestrante em Harvard, novamente, ele parte para os Estados Unidos sem a esposa. Ao retornar, em 1933, decide se separar dela da maneira mais abrupta, simplesmente não voltando para casa.

Nos cinco anos seguintes, o período de "separação" do casal, Eliot evitou até que a esposa soubesse seus endereços, e a viu somente uma vez, quando ela decidiu aparecer numa de suas palestras e tentou (apenas tentou) abordá-lo ao fim do evento. Ele a ignorou de todo, e se afastou dizendo que não podia falar com ela.

E então Vivienne foi internada em definitivo, pelo irmão, que tinha se tornado seu guardião. Passou quase dez anos trancafiada, tratando de uma doença mental sem grande especificidade. Durante esse período, jamais recebeu uma única visita do homem com quem ainda estava legalmente casada. Ficou internada até morrer, aos 58 anos de idade, em 1947, depois de um ataque cardíaco.

Eliot voltaria a se casar aos 68 anos, em 1957, com sua secretária Esmé Valerie Fletcher, quase quarenta anos mais nova. Ficaram juntos até a morte do poeta, em 1965, de enfisema pulmonar. Dali em diante, Valerie foi a mais constante protetora de seu patrimônio artístico, cuidando com dedicação férrea e grande competência da edição e da publicação de suas obras até morrer, ainda agora, em 2012.

Naquele 4 de janeiro de 1965, quando Thomas Stearns Eliot morreu em seu apartamento, o legado do alto modernismo já estava mais do que estabelecido.

Virginia Woolf, sua amiga, tinha se matado havia quase um quarto de século. James Joyce morrera semanas antes dela. Stein tinha sucumbido ao câncer quase vinte anos antes. Pound tinha sido preso por traição no final da Segunda Guerra, depois de se transformar num loquaz defensor do fascismo. Trancado numa gaiola de menos de dois metros por dois, acabou tendo um ataque total de nervos que precipitou sua decadência e acarretou longos anos de internações e crises de saúde. Em 1965 estava na Itália, depois de conseguir sair dos Estados Unidos e de até se ver tentado a vir para o Brasil, sob os auspícios dos irmãos Augusto e Haroldo de Campos.

De maneiras diferentes (o tempo, a morte...) tinham eles todos deixado de ter o protagonismo de ação das décadas anteriores à Segunda Guerra. Mas as décadas seguintes viram a centralidade de Eliot no mundo literário permanecer inabalada.

Primeiro em função do prêmio Nobel.

Pound era polêmico demais. Woolf, para aquela época, era "mulher" demais. Joyce era arriscado, e estava morto demais. Gertrude era Stein, era Stein, era Stein. Eliot acabou sendo o único dentre eles a receber o maior dos prêmios literários.

Mas, ainda mais do que esse reconhecimento externo, foi o próprio Eliot quem garantiu com seu trabalho constante uma posição estável no centro do mundo literário.

Como crítico, ele teve uma produção que se estendeu por décadas (a edição atual de seus escritos, em quatro volumes, chega a quase 3700 páginas, e ainda serão publicados outros quatro), e nessa extensa obra reavaliou o passado, deixou textos incontornáveis como "A tradição e o talento individual", criou conceitos centrais para a análise literária, como o *correlativo objetivo*, revalorizou todo um período da literatura inglesa, o dos ditos poetas *metafísicos* do século XVII, e se tornou um dos maiores expoentes, senão na verdade um dos precursores, da *Nova Crítica*.

Como editor, passou décadas à frente da Faber & Faber, que ajudou a tornar uma das mais respeitáveis editoras literárias da Inglaterra. Talvez a mais respeitada de todas. Ali publicou nomes como W. H. Auden, Djuna Barnes, Marianne Moore e Ted Hughes, além de ter lançado o último romance de Joyce, o que faz com que sua atuação no campo literário anglófono, ao longo de meio século, tenha de fato coberto não apenas as origens do alto modernismo, mas também seus desdobramentos mais tardios.

De bancário a editor. De rapaz em crise a crítico fundador. De pura promessa a poeta entre os poetas. O belo espírito que Pound e tantos outros anteviram conseguiu fazer de sua poesia a poesia de todo um século, e deste século, também, um tempo definido por sua obra.

A obra

Comentar a poesia de Eliot de maneira abrangente, claro, é tarefa maior do que eu conseguiria cumprir, em qualquer espaço, e muito menos nas páginas deste posfácio.

O que me cabe aqui é apresentar e justificar a seleção de poemas que você encontra neste volume e, posteriormente, tecer certos comentários sobre alguns deles, os mais conhecidos, os mais importantes talvez, dedicando alguma atenção a problemas que tenham suscitado para a tradução.

De início vale dizer que o conjunto de poemas presente neste livro corresponde, de certa forma, à poesia completa publicada em livro. Estão aqui todos os poemas completos publicados como opúsculos independentes ou como parte dos livros de poesia do autor. Alguns poemas (como as *Paisagens*) não entraram em nossa seleção por serem poemas "avulsos", normalmente publicados em revistas literárias. Uma obra como o *Coriolano* não entrou por consistir na verdade de fragmentos de um projeto nunca realizado integralmente. O mesmo vale para outros fragmentos, como os coros da peça *The Rock*.

No entanto, este volume inclui pela primeira vez a íntegra dos dois primeiros livros publicados pelo autor, sem qualquer recorte. No fundo, trata-se praticamente dos dois únicos "livros de poemas" que Eliot lançou. Seus poemas mais famosos nos anos seguintes tenderam a ser publicados um de cada vez, como pequenos livros independentes. A exceção, curiosamente, é *O livro dos gatos sensatos do Velho Gambá*.

Além desses dois volumes inteiros, você tem aqui todas as obras mais importantes publicadas nos anos 1930 e 1940, além dos pitorescos poemas de *Ariel*, editados individualmente entre 1927 e 1931 como "presentes de Natal" para os leitores da Faber & Faber e reunidos posteriormente (1954) em livro, com o acréscimo de um poema final. Esses poemas são de interesse para se compreender o catolicismo de Eliot, é fato; mas não só isso: a coleção inclui, por exemplo, um poema precioso como "Marina", onde talvez esteja o meu verso preferido de Eliot.

Mais ainda, aqui você encontra pela primeira vez num único livro esses poemas clássicos e a íntegra daquele que é afinal de contas o texto mais popular de Eliot, *O livro dos gatos sensatos do Velho Gambá*, imenso sucesso editorial, que além de tudo se tornou a origem do musical *Cats*.

Com isso, com tal volume de poemas pelo menos, este livro pode ter alguma pretensão de estar à altura da obra de Eliot e de sua recepção no Brasil. O ponto de partida, a lista dos poemas, garante já seu interesse.

Resta, contudo, a questão da tradução...

Prufrock

Eliot não poderia ter estreado melhor em livro.

Prufrock and Other Observations, lançado em 1917, provavelmente bastaria para estabelecer sua reputação até os dias de hoje. Estão lá os pastiches de Laforgue, os retratos ácidos da Nova Inglaterra, um "tributo" a Bertrand Russell ("Mr. Apollinax"), peças lindas como os *Prelúdios* (que já antecipam o uso de uma forma musical, mais profundamente explorado nos *Quartetos*) e um poema de uma condensação brilhante como "Manhã à janela".

Trata-se de um poeta que estreia como autor maduro.

Acima de tudo foram os dois primeiros poemas do livrinho que garantiram o seu impacto imediato e posterior, e começaram a fazer do ainda jovem Eliot uma figura importante dos círculos literários londrinos. O "Retrato de uma senhora" é impressionante. Mas "A canção de amor de J. Alfred Prufrock", até por ter emprestado o nome para o livro todo, se tornou o poema mais conhecido da obra.

E com (sobras de) razão.

Eliot declarou que escreveu o poema entre 1910 e 1911, tendo chegado a uma revisão "final" já em 1914, quando declarava estar sob profunda influência de leituras recentes de Dostoiévski. O título (e o nome do "locutor"?) pode ter saído de uma loja de móveis, a Prufrock-Litton, que existia em Saint Louis na infância do poeta; e ele mesmo afirmou que a ideia de uma "canção de amor" como título lhe viera da leitura de Rudyard Kipling ("The Love Song of Har Dyal").

Ou seja, nesta pequena descrição de seus elementos mais iniciais já aparecem características que definiriam centralmente uma parte significativa da mais alta produção de toda a carreira do autor: biografia (infância), intertextualidade e quase "colagem" de fragmentos do passado literário ("com tais cacos escorei minhas ruínas", como Eliot escreveria depois).

Outro dado que já prenuncia a produção tardia de Eliot é o enciclopedismo. As referências de "Prufrock" incluem ecos e reelaborações diretas de Shakespeare, Dante, Nerval, Coleridge, Marvell, Donne, Laforgue, Gautier... isso numa lista em que nem me esforço para ser exaustivo. Numa outra característica (bem menos lembrada) da poesia eliotiana, vale assinalar também presenças menos "nobres" nesse arcabouço de fontes, como a das operetas cômicas de Gilbert e Sullivan e a da prosa de Conan Doyle, autor das histórias de Sherlock Holmes. (Eliot gostava tanto de Holmes que escreveria todo um poema do livro dos *Gatos*, aqui chamado "Mauválio: o gato dúbio", baseado na descrição do professor Moriarty, arqui-inimigo do detetive.)

E esse ecumenismo, essa passagem sem solução de continuidade da mais profunda erudição à mais ligeira banalidade, se estende também ao tom, aos temas e a todo o desenvolvimento discursivo e poético do texto. Não se engane: "A canção de amor de J. Alfred Prufrock" era um poema desviante, estranho e incomodamente fascinante cem anos atrás; e continua sendo hoje. Basta pensar nos versos de abertura.

Quem compõe aquela primeira pessoa plural?
A leitora está convidada?
E quem enuncia aquele discurso?

A bem da verdade, uma mera análise atenta dos três primeiros versos do poema já consegue antever muito de seu funcionamento, muito de sua estrutura. Ele, afinal, se abre com total informalidade, num convite que pode sair dos lábios de qualquer falante de inglês ainda hoje. O segundo verso já sobe um degrau e nos coloca na esfera do "poético", ainda que introduzindo também uma marca de estranhamento. Que entardecer é este que se "estende" no céu (no original a tarde está "*spread out*", espalhada)? E o que dizer do símile do terceiro verso? Alguma vez alguém já comparou o crepúsculo a um paciente anestesiado numa mesa de operações?

Saímos do cotidiano para a poesia, e dali para uma poesia nova, toda feita em contrastes.

E por que o uso de "eterizado", palavra que talvez concentre em si todas essas oposições de registros e de retóricas?

Essa já é, aliás, uma questão que nos coloca na esfera dos problemas da tradução, e que nos fornece oportunidade de sondar o quanto pode haver por trás de uma escolha aparentemente simples, num projeto como este. Pois mesmo descontada essa ideia da palavra como concentração do atrito, do estranhamento, cabe ainda perguntar se o texto português poderia ter usado "anestesiado"?

Sim, poderia. Mas Eliot também tinha a sua disposição o verbo "anesthetize", e não quis empregá-lo. Além de tudo,

Massachusetts, berço da família Eliot, foi um dos primeiros lugares a empregar o éter como anestésico, e celebra esse fato com seu "Monumento ao Éter", inaugurado mais de vinte anos antes do nascimento de Eliot, e ainda de pé em 2018. Mais do que isso ainda, há o antecedente do verso de Théophile Gautier, no seu poema "La Nue", que compara o surgimento da "nua" do título ao nascimento de uma "Afrodite eterizada".

Tudo isso para justificar a manutenção de um único adjetivo?

Tudo isso para justificar a manutenção de um único adjetivo.

Mas é claro que não se resume a isso, não se resume a esse caso. Esse salto gradual e chocante entre registros e ambientes, oralidade e retórica, dia a dia e elevação, cotidiano e imagem rebuscada, essa transição permanente entre bem mais de dois mundos pode ser aplicada ao poema como um todo, e pode descrever parcela relevante das dificuldades que sua tradução integral pode apresentar.

Porque, além dos sentidos, em poesia há que se traduzir uma forma. E a forma, em Eliot, é sempre uma das estrelas principais, ainda que nunca se dê a ver com clareza e obviedade. Não estamos falando, em sua poesia, de sonetos com esquemas rígidos de rimas e escritos em obedientes modelos de versos definidos pelos cânones clássicos. A poesia moderna, afinal, tendeu a se caracterizar pelo verso livre (sem contagem de sílabas) e branco (sem rima).

Mas nada é assim tão simples em Eliot.

Ele é merecidamente famoso por ter declarado, com todas as letras, que "não existe verso livre". Para ele, todo verso irregular está na verdade sendo definido por seus desvios constantes, por seu permanente flerte com algum modelo tradicional de versificação. E este "Prufrock" é um perfeito exemplo.

Não se pode dizer que os versos do poema tenham *um* esquema métrico. Mas o fato incontornável é que eles tendem em sua imensa maioria a ser *quase* versões perfeitas do pentâmetro jâmbico, que grosso modo é o equivalente inglês do nosso decassílabo heroico, apesar de ocupar uma posição de centralidade ainda maior na tradição literária anglófona. Como lembra o poeta Paulo Henriques Britto, é na tensão, nessa esquiva constante do "fantasma" do pentâmetro, e no pulso de um ritmo constante que em diversos momentos esse tensionamento ainda consegue sustentar, é nessa quase-forma que os versos de "Prufrock" encontram sua caracterização. São versos livres eliotianos. Condicionados por regras flutuantes e de apreensão complexa.

E o mesmo se pode dizer das rimas. Pois apesar de não haver uma estrutura clara, rígida, dominante e determinante, o poema está absolutamente cheio de rimas. Desde a abertura. Se lemos apenas os catorze primeiros versos (uma aproximação de um soneto, afinal) descobrimos que só dois deles não rimam de todo. Fora isso, há rimas perfeitas, rimas átonas (*argument/intent*), uma linda rima composta (*what is it/visit*) e uma rima intencionalmente canhestra (*come and go/michelangelo*). O poeta não apenas emprega o recurso da rima. Ele de fato tematiza a dificuldade, o virtuosismo e até a inadequação da rima.

"A canção de amor de J. Alfred Prufrock" tendeu a aparecer no Brasil em versões em que a rima estava ou ausente ou um tanto mais apagada; esta tradução busca fazer jus à quantidade e à diversidade das rimas de Eliot. Porém, nem sempre foi possível usar o mesmíssimo tipo de rima no mesmíssimo local, o que me autorizou também a empregar algumas compensações, a aceitar rimas internas que surgiram no português, por exemplo.

Já a questão do metro teve solução mais complicada.

Na verdade não seria particularmente difícil escrever uma tradução que se baseasse também num jogo de tensão permanente com a forma do decassílabo heroico, padrão de boa parte da poesia lírica em português até o começo do século XX. Repetir o experimento de Eliot não pareceria absurdo.

Mas, se páginas atrás eu dizia que não podemos esquecer que na poesia é preciso também traduzir a forma, este é o momento de lembrar que na tradução da poesia, da mesma maneira, não se pode deixar que a preocupação com a forma domine completamente a expressão, o "o quê" do poema. E este poema em específico sublinha essa dificuldade, ao empregar um inglês muito próximo de uma certa oralidade autêntica, sem se furtar no entanto a preciosismos ocasionais ("Palavra nem embaraçada nem pomposa / Comércio simples do velho e do novo" como escreveria Eliot décadas depois) e sem evitar certos torneios mais constrangidos ou mesmo constrangedores. O registro irônico de todo o poema é de atribuição dificílima, e os níveis de formalidade e de oralidade fazem parte do problema.

E a questão, agora, para dor do tradutor, é que o inglês, língua onde predominam os monossílabos, consegue dizer muito mais coisas em um verso de dez sílabas. A tendência, inclusive dos grandes tradutores em português, é portanto aumentar ainda que em pequeno grau a concisão, adensar um tanto o verso para que ele possa se dizer num decassílabo nosso. Obecendo, assim, à regra numérica, métrica, joga-se fora um bom tanto da naturalidade, do "realismo" da linguagem do original.

    Precisamente por isso, depois de algumas experiências decidi abrir mão do paralelo constante com o decassílabo, e decidi fazê-lo em nome justamente da discursividade e dos efeitos de "cor" estilística do poema, tão característicos da primeira poética de Eliot e de toda a alta modernidade. Achei que o rigor decassilábico causaria perdas grandes demais. Mantive, no entanto, certo paralelismo com o verso alexandrino, que em suas doze sílabas poéticas me dava exatamente o espaço a mais de que eu necessitava; e acima de tudo procurei conduzir o poema, nos trechos em que isso era mais relevante no original, através de um pulso mais ou menos estável.

    "Prufrock" é um poema brilhante, embora possa ser chamado de obra de juventude. Ao dar algum espaço para seu "conteúdo", espero que a tradução tenha sido capaz de absorver suas incontáveis camadas de ironia e de complexidade, de suspense (sim) e de ridículo, de lirismo e finalmente de abandono, no momento em que o poema se deixa mergulhar na escuridão do mar e ao mesmo tempo permite que seu tom poético se eleve a alturas ainda não atingidas.

    "Prufrock" é uma obra de juventude, mas em vários sentidos corresponde plenamente às expectativas que podemos derivar de uma leitura de toda a obra poética de Eliot. E um dos campos em que esse encaixe é mais perfeito, mais satisfatório, é justamente essa complexa inter-relação de discursividade e forma poética, de liberdade métrica e rímica e presença de constrições diversas.

"Prufrock" em suma é também, e destacadamente, um construto musical. Se ele não disser o que tem a dizer, a tradução fracassou. Mas se disser tudo que pretendia, mas disser sem gerar algum arrepio puramente sonoro, estético, de encanto, o fracasso não terá sido menor.

A terra devastada

Depois de um segundo livro de poemas em 1920, Eliot lança a obra que, mais do que qualquer outra, epitomizaria o modernismo literário em poesia e, para além disso, representaria a mais fina exposição de um certo estado de espírito pós-Primeira Guerra Mundial. *A terra devastada* (e logo falamos mais sobre o título) apareceu pela primeira vez, ainda sem as hoje famosas notas do autor, na edição inaugural, de outubro de 1922, da revista literária *The Criterion*.

Seu fundador e editor permanente, dali até 1939?

Thomas Stearns Eliot.

A esta edição "de autor" seguiu-se a estreia do poema nos Estados Unidos, no número de novembro da revista *The Dial*. Ainda em 1922, em dezembro, a editora Boni & Liveright lança a primeira versão em "livro" do poema, agora com as notas explicativas. Uma edição como essa apareceria na Inglaterra apenas em 1923, publicada agora pela Hogarth Press, de Leonard e Virginia Woolf, os mesmos que haviam negado a proposta de publicação de certo romance chamado *Ulysses*.

E não é apenas este dado quase trivial que aproxima os dois monumentos da literatura do século XX, os dois principais eventos que ajudam a fazer do ano de 1922 esse marco incontornável do modernismo de língua inglesa. Pois o fato é que Eliot estava encantado com o *Ulysses* desde que seus primeiros trechos começaram a ser publicados pelo periódico *The Little Review*, ainda em 1918 (essa publicação seria interrompida em 1920, quando a Society for the Suppression of Vice conseguiu proibi-la com uma acusação de obscenidade).

Já em 1918, em carta, Eliot declarava que Joyce era "o maior prosador vivo". E em sua correspondência dos anos seguintes ele deixou registrada sua admiração pelos fragmentos do romance em termos que parecem quase estranhos diante de seu típico comedimento: "magnífico", "soberbo", "estupendo"...

Depois de conseguir se encontrar com Joyce em Paris, em 1920, tornando-se inclusive correspondente do romancista e passando a receber os trechos finais do romance antes ainda da publicação, ele chega a escrever uma famosa carta a Joyce, dizendo que não tinha sugestões de melhorias para o livro, mas que na verdade "desejava não ter lido" o *Ulysses*, tamanho o impacto da obra sobre ele. E em seu conhecido ensaio "Ulysses, ordem e mito", em que descreve o "método" por trás da composição do romance, ele declara sem meios tons que a obra de Joyce seria "a mais importante expressão que os tempos presentes encontraram".

É portanto sob o encanto do pluriestilismo, do ecumenismo e da exuberância da prosa de Joyce que em 1919 Eliot começa a esboçar "um poema longo". E durante os dois anos seguintes a composição dessa obra o acompanharia por alguns dos mais duros momentos de sua vida, quando uma violenta crise nervosa culmina com sua ida à Suíça em busca de paz e de tratamento, e leva Pound a elaborar o esquema de financiamento que o eximiria da necessidade de trabalhar num banco.

Em janeiro de 1921 ele já tem uma versão "pronta" do poema, que entrega a Pound. Durante esse mês os dois se correspondem e chegam a uma nova versão, muito mais breve e muito mais densa. Em março de 1922 ele já estava pronto para mostrar o poema ao casal Woolf, e Virginia registra em seu diário a ocasião em que ele não apenas leu mas "cantou", "entoou" e "ritmou" o texto diante deles.

(Ah, por uma máquina do tempo... Eliot gravou boa parte de seus poemas mais conhecidos, e esses registros hoje são de acesso muito fácil, mesmo em serviços de *streaming*. Essas gravações, inclusive, são de grande auxílio para a tradução, na medida em que esclarecem pequenas questões de métrica. Só que no estúdio, a não ser pelos poemas dos *Gatos*, ele tendia a adotar um tom mais "engravatado" para suas leituras, uma cadência que não parece se coadunar com essa lembrança de Virginia Woolf, de um Eliot mais relaxado, empolgado, entre amigos, mais entregue à musicalidade de sua própria obra. Imagine o prazer de ouvir trechos de *A terra devastada* recitados com a mesma verve dedicada à leitura de "A canção dos Coisulinos".)

Nesse intervalo entre concepção e publicação do poema, o *Ulysses* tinha aparecido em sua forma definitiva, com os dois primeiros exemplares sendo entregues no dia em que Joyce completava quarenta anos, 2 de fevereiro de 1922, dando a largada para o alto modernismo de língua inglesa. Nesse intervalo, também, durante os vários cortes que Pound realizou no manuscrito de Eliot, a longa cena de abertura original, integralmente modelada no episódio do *Ulysses* que se passa num bordel, acabou também sendo eliminada. Na opinião de Pound, o poema deveria ir "de abril a *shantih*", e foi assim que ele ficou.

Joyce também registrou, de modo bastante críptico e contido, como lhe era característico, o impacto de *A terra devastada*. Em nenhum lugar, no entanto, de modo mais joyceano e mais elogioso do que na carta que enviou em 1925 a sua mecenas Harriet Shaw Weaver, descrevendo sua passagem por Rouen nos seguintes termos:

> *Rouen é o mais chuvoso dos lugares, entrando*
> *Em tudo quanto é impermeável, molhando*
> *A úmida medula de ossos encharcados.*
> *O inverno nos empapou na vinda de Le Mans*
> *Nosso albergue em Niort era a Vinha da Borgonha*
> *Mas o torno de vinho do Senhor trovejou sobre tal*
>   [*vinha da Borgonha*
> *E nós fugimos correndonha.*
>   (*Rápido, Joyce, está na hora!*)
> *Ouvi mosquitos em enxame sobre o velho Bordeaux*
> *Tantos!*
> *Não achava que a terra contivera tantos*
>   (*Rápido, Joyce, está na hora!*)
> *Mr. Anthologos, jardineiro local*
> *Quepe cinza, polidez astuciosa*
> *Faz vinho há já cinquenta anos*
> *E me disse em seu francês meridional que Le petit vin*
>   [*é a melhor bebida para se comprar*
> *Pois que se estiver ruim Vous ne l'avez pas payé*
>   (*Corre, corre, agora, agora, agora!*)
> *Mas nós havemos de nos divertir,*
> *Quando voltarmos à Clínica, aquela terra devastada*
> *Oh, Esculápio!*
>   (*Sem ti! Sem ti! Sem ti!*)

Já se escreveram literalmente milhares de páginas de crítica e de interpretação sobre o maior poema de Eliot. A partir de vieses psicanalíticos, biográficos, históricos, sociológicos... O poema, em tudo que tenha de estranho, de inapreensível e de encantatório, vem atraindo leitores e leituras há quase um século. Como o *Ulysses*, essa sua obra--irmã, ele parece dar conta não apenas de uma situação e de uma psique específicas, mas de coisas simultaneamente individuais e generalizáveis, definidíssimas e inexplicáveis.

Se você me permite não criar outras camadas de interpretação, cito só mais um comentário de Joyce, perfeito, dessa vez registrado no diário da escritora Helen Nutting. Quando ela afirma que gostou do poema de Eliot, mas que infelizmente não podia garantir que o entendia, Joyce, sibilino, responde: "E você precisa entender?".

E vale lembrar que Nutting não estava e não está sozinha. Praticamente desde o lançamento a complexidade do poema levou alguns leitores a considerar que estavam sendo enganados, que alguém estava de fato rindo à sua custa. Na verdade, o primeiro número da hoje quase centenária revista *Time*, em março de 1923, já trazia um comentário a respeito de *A terra devastada* num texto que, de modo algo reservado, mencionava a existência de "boatos" que dariam conta de que o poema seria na verdade uma "*hoax*", uma fraude, uma brincadeira de mau gosto.

(Diga-se, mais uma vez, que o texto da revista *Time* era uma notícia da publicação não apenas do poema de Eliot, mas também do *Ulysses*, e que seu primeiro parágrafo se abria com uma frase que de novo nos faz pensar na tirada de Joyce diante de Helen Nutting: "Há uma nova espécie de literatura à solta por aí, cujo único defeito é o fato de que ninguém consegue entendê-la".)

Mas uma das coisas que chamam a atenção de qualquer pessoa que decida tentar entender *A terra devastada* é o fato de que o poema, desde sua primeira publicação em livro, vem acompanhado de notas explicativas, do punho do próprio autor. Por outro lado, uma segunda coisa que salta aos olhos é que as tais notas no fundo nem explicam tanta coisa assim.

Elas já foram chamadas de cínicas, de paródicas, de cabotinas. O próprio Eliot foi interrogado em mais de uma ocasião a respeito de sua decisão de acrescentá-las, e da própria necessidade dessa inclusão. Para engrossar esse caldo, num dado momento os diários do romancista Arnold Bennett registram, em 1924, uma conversa em que ele perguntou ao poeta se por acaso era possível considerar as notas uma brincadeira ("*a skit*"). Eliot, aparentemente sem se incomodar com a pergunta, disse que elas eram sérias, que não tinham mais de brincadeira do que certas partes do próprio poema!

Estaria Eliot realmente tentando se explicar nas notas, seguindo o pedido do crítico de arte Roger Fry, como se costuma repetir?

Ou seriam essas notas uma piada quanto à própria obscuridade dessa nova literatura?

Ou será que elas estavam ali apenas para dar corpo ao poema quando da publicação em livro, como o próprio poeta chegou a dizer em outras situações? Ou, ainda, para evitar a acusação, que a essa altura já era cansativa para ele, de que suas citações, colagens e reelaborações da literatura do passado constituiriam apropriação indébita, plágio? Ele mesmo chegou a levantar essa possibilidade, argumentando ter julgado que ao expor suas fontes deixaria clara sua consciência da autoria de cada fragmento e, mais ainda, sua "honestidade" no trato com os autores de que se servia.

Pound, como sempre mais incisivo, disse apenas que achava aquele aparato todo irrelevante para "o funcionamento do poema", e recomendou que o leitor bem intencionado fizesse como ele, que leu o poema sem qualquer nota.

Dada a distância temporal entre *A terra devastada* e o nosso mundo, entre aquele universo e a nossa cultura, eu jamais sugeriria que você meramente abrisse mão de qualquer aparato de notas. Na verdade, eu não apenas acrescentei notas *minhas* ao poema como ainda anotei o próprio elenco de notas de Eliot.

Vício acadêmico? Talvez.

Ao mesmo tempo, também não me ocorre pensar que as notas (sejam as minhas, sejam as de Eliot) possam ser definitivas ou definidoras para qualquer leitura do poema. Ele pode, sim, se sustentar por si só, em seu mistério e seu efeito. Pound sublinhava que só as palavras sânscritas do final precisariam mesmo de tradução para um leitor comum, que poderia, no caso de outras citações em línguas que não conhece, simplesmente pulá-las. De minha parte, imodestamente, eu diria que ao menos a nota acrescentada para contextualizar melhor a epígrafe latino-grega do poema (tantas vezes lida de maneira simplificada) pode constituir auxílio relevante para se entender melhor os desígnios de Eliot.

Fora isso, talvez valha ao menos começar uma leitura sob o signo do conselho de Joyce. Deixar o poema causar sua impressão, deixar sua marca. Depois talvez caiba tentar entender o que significa *entender*.

* * *

Abordar a tradução de um poema como *A terra devastada* é questão bem mais que inglória. Sua riqueza de registros, de tons, vozes, discursos e modelos métricos e formais, sua variedade de sentimento, sua profundidade intelectual, aquela misteriosa conexão perfeita entre elementos tão variadamente díspares... nada prenuncia um trabalho tranquilo para o tradutor.

A começar pelo título.

A referência geral, segundo o próprio Eliot, seria a leitura dos mitos de fertilidade presentes tanto em *O ramo de ouro*, de Frazer, quanto no livro de Jessie Weston sobre a demanda do Santo Graal, *From Ritual to Romance*. Da mesma maneira que o sacrifício da virgem em *A sagração da primavera*, de Stravínski, que Eliot admirava a ponto de ficar cutucando com o guarda-chuva as pessoas que se manifestavam de maneira desagradável durante o espetáculo... da mesma maneira que a codificação antropológica da crucifixão e ressurreição do Cristo, esses ritos abordam a necessidade de um ato de transição para que a infertilidade do mundo possa de novo se fazer flor.

Uma tradução recente do poema, de Gilmar Leal Santos, decide-se inclusive por deixar bem sublinhada essa temática ao chamar a obra de *A terra árida*. Outras versões buscaram ainda outros matizes presentes no original, escolhendo os adjetivos "gasta", "infértil", "desolada", "inútil". Ou, como aqui e na tradução de Ivo Barroso, "devastada".

Ainda jovem, quando do meu primeiro contato com o poema, eu me decidi que se um dia fosse traduzi-lo meu título seria *O terreno baldio*.

Envelheci.

Por sorte.

Ainda vejo algum mérito na escolha. Mas acima de tudo não veria, hoje, motivo para gerar tamanho estranhamento nos leitores, especialmente em se tratando de um poema há décadas presente na formação de qualquer pessoa interessada em poesia no Brasil. Assim, ficar perto de uma das soluções já existentes (todas defensáveis) me parecia opção mais razoável.

A terra arrasada, possibilidade que também me seduziu por anos, tem a desvantagem de marcar demais a conexão com o mundo da guerra. Além de desmentir o fato de que a tática que entre nós recebe esse nome em inglês se chama "*scorched land*". Naquele velho argumento, comum entre tradutores, valeu pensar que, se Eliot quisesse, teria usado "scorched" no título. Não me cabe glosar a escolha dele. Além de tudo, para quem como eu teve uma formação nos estudos de linguística histórica, há o fato de que "devastada" comparte a mesma origem do adjetivo "waste".

Mas, em primeiríssimo lugar, tenho que confessar que o que definiu a escolha no final foi a percepção de que ela tinha sido feita antes mesmo de eu me dizer que a fiz. Como sempre. Eu já me referia internamente ao poema como *A terra devastada* sem nem ter pensado no assunto.

Resolvido o título, então, restava apenas tudo.

E os problemas envolvidos na tradução de *A terra devastada* são, de certa forma, uma intensificação das dificuldades da tradução do *Prufrock*. Cinco anos depois de sua estreia, Eliot tinha sofisticado seu processo de enterrar um metro tradicional sob camadas de desvios, alterações e distrações. No movimento de dissolução aparente de uma voz poética única e estável, que constitui um dos traços mais "modernistas" do poema, ele também dissolvia as rimas e outros tipos de ecos sonoros numa estrutura múltipla e variada que em alguns momentos se aproxima da discursividade da prosa. Sem no entanto deixar de ser verso denso, rico e sonoro.

Pense apenas, novamente, nos versos de abertura, em que Eliot, que via de regra tende a ser extremamente comedido no emprego do enjambement, deixando seus versos terminarem com uma pausa forte e nítida, sem se emendar uns aos outros, de repente se põe a fraturar cada linha uma palavra *depois* do sinal de pontuação, gerando um eco de gerúndios que mais uma vez parece ter função sonora e ao mesmo tempo quase metaliterária, ao chamar a atenção do leitor para a fatura do poema, para a decisão madura do poeta que quebra os versos onde bem quiser, como bem lhe soe.

O verso livre original de Whitman tendia a ser sentença inteira. O verso livre do modernismo tardio usava mais e mais o enjambement, criando poemas de versos mais curtos, e de extensão mais variável ao longo da estrofe. Eliot, aqui, está no meio deste caminho, usando ao longo de todo o poema versos curtos e longos, atados e prontos, rimados, assonados, ritmados e brancos. Parafraseando palavras que ele escreveria só nos anos 1940, cabe dizer que *A terra devastada* tem muitas vozes; muitos deuses, muitas vozes.

O próprio Tirésias, o adivinho grego que representa a possível presença unificadora do poema, é afinal figura híbrida, "trans", homem e mulher, muitos em um. A unidade estilística que o *Ulysses* tinha demonstrado cabalmente não ser necessária num romance agora agia também sobre a poesia. E esse "pluriestilismo" se manifesta também naquela variabilidade formal, que esconde melhor suas cartas, suas regras, e lega ao leitor (e aqui ao tradutor) a responsabilidade de detectar o que é relevante e o que é acidental.

Quando surge um trecho como o do encontro da datilógrafa, em que a rima gradualmente se impõe, ela gera um efeito vigoroso precisamente porque estava insinuada, insinuante, em toda a extensão do poema.

Encontrar pesos e medidas fieis, ser o fiel da balança, sopesar fidelidades: eis o maior desafio da imensa responsabilidade que é apresentar uma nova versão de *A terra devastada*.

Há ao menos um último comentário a se fazer sobre a tradução do poema. Que se refere ao fato de que ele próprio é de certa forma um comentário a respeito do multilinguismo, da possibilidade desejável e da impossibilidade final do convívio entre culturas, tradições e línguas. Ao incorporar textos em vários idiomas diferentes, ao se afastar cada vez mais das referências de seu leitor possível (processo que culmina com as "quatro palavras sânscritas" mencionadas por Pound), o poema no fundo abre mão da comunicabilidade em troca da universalidade. E isso tudo fica mais do que sublinhado quando, ao se encerrar, ele atinge seu momento mais poderoso e mais encantador justamente ao deixar de querer dizer de maneira mais clara, mais imediata.

E esse impacto além de tudo, como muitas vezes em Eliot, se dá precisamente através do uso da palavra do outro, da citação. Em seus versos finais o poema simplesmente se entrega à eventualidade da incompreensão, gerando uma colcha de retalhos de citações díspares que apenas encontram sua *paz* na tripla invocação de um vocábulo ainda mais desconhecido pelo leitor ocidental típico de seu tempo.

Decisão violenta do autor, que acarretou aqui uma decisão singular de tradução: *deixar* de traduzir um texto inglês, tratado ali, de um ponto de vista lusófono, como mais um dos cacos com os quais o poeta escora sua eloquente afasia, e não como verso eliotiano.

Quartetos

Eliot, ao publicar *A terra devastada*, já deixava sua grande contribuição para todo o desenvolvimento da poesia do século seguinte. Mas, lembre, ele tinha meros 34 anos de idade e sua carreira como poeta publicado começara cinco anos antes. Nos catorze anos seguintes, no entanto, sua poesia consistiria de pequenas plaquetes, poemas isolados lançados a intervalos irregulares. Pode parecer pouco, especialmente diante do fato de que sua atividade como crítico e editor (e logo também como dramaturgo) não parava de crescer.

Não é também que esses poemas dos anos 1920-30 sejam obras *menores*. Além dos já mencionados poemas de *Ariel*, peças de circunstância que guardam momentos de impacto profundo, e além de vários poemas lançados em revistas literárias, esse período inclui ao menos duas obras-primas incontornáveis, dois poemas capazes de mudar qualquer paisagem literária: *Os homens ocos*, de 1925, e *Quarta-Feira de Cinzas*, de 1930.

Meu grande consolo ao optar por não falar mais longamente dessas duas obras, retratos históricos e religiosos (cada um) do desenvolvimento do poeta e de seu mundo, é exatamente poder não falar; permitir que você, como eu tantos anos atrás, os encontre com os olhos limpos. Além, claro, de torcer para que a tradução tenha conseguido manter algo do arrebatamento verbal das duas obras, que em muito já se aproximam do tipo de abordagem musical de língua e obra que viria a caracterizar a poesia eliotiana dos anos 1940.

Arrebatamento, nada menos do que isso. Densos e profundos como sejam, esses poemas têm também um impacto quase independente da razão, centrado em sonoridade, ritmo, música. Como tradutor, acima de tudo me deixa imensamente feliz o privilégio de poder entregar a você alguns dos versos que mais me assombram, versos que me acompanham desde o meu primeiro contato com eles, quando você tinha a minha idade hoje, quando eu tinha a sua idade hoje, quando você ainda nem tinha nascido.

Em 1936, no momento em que o poeta se encaminhava para os cinquenta anos de idade, era já ocasião de passar a limpo uma carreira de peso. O primeiro volume com a poesia reunida de Eliot foi publicado pela própria Faber & Faber, e contava com um grande diferencial: um poema inédito, longo, chamado *Burnt Norton*.

Naquele momento, para os leitores e para o próprio autor, o poema era precisamente isso. Um poema. Quando Eliot publica *East Coker*, cinco anos mais tarde, já vivendo as agruras de uma segunda grande guerra no continente europeu, seus planos de dar sequência ao grupo e compor uma obra única já estavam esboçados. Seu tino de editor o fez inclusive anunciar, no catálogo da Faber para o outono de 1940, que "esses dois poemas, e ao menos mais um que ainda não foi escrito, deverão formar uma espécie de sequência".

Com a publicação de *The Dry Salvages* em 1941 e do "patriótico" *Litte Gidding*, em 1942, a sequência se dava por completada. E foi assim, a partir daí, que tendeu a ser tratada por Eliot, como quando ele chegou a determinar que os poemas não integrassem edições de sua "obra completa", ficando "sozinhos num volume separado". Pois, como afirmava já em 1943, "a ideia é que os quatro poemas juntos formem um todo".

No mesmo ano de 1943 aparece nos Estados Unidos esse volume separado, desejado pelo autor: *Quatro quartetos*, sem artigo definido. Em 1944 foi a vez de uma edição britânica. Em 1948, como mencionado anteriormente, Eliot receberia o prêmio Nobel de Literatura, que coroava portanto um carreira de 25 anos na poesia; uma carreira que a essa altura estava fundamentalmente encerrada.

E muito nesses poemas (ou nesse poema composto) decorre da maturidade pessoal e artística de Eliot. Sua voz é neles mais *direta*, menos compósita; e mesmo quando recorre à apropriação e ao diálogo com outros autores ele parece fazê-lo de maneira mais centrada em uma primeira pessoa coerente, organizada, que tem perspectivas agora muito diferentes quanto à compreensibilidade e quanto à discursividade da poesia: uma voz que inclusive parece encarar o fazer poético com uma noção diferente de sua *responsabilidade*, de sua *imputabilidade*.

Em 1949 ele chegou a dizer que via especialmente os dois últimos quartetos "como obras bem mais simples e mais fáceis de entender que *A terra devastada* e *Quarta-Feira de Cinzas*", isso porque, pensava ele, "às vezes as coisas que estou tentando dizer, o assunto dos poemas, pode ser difícil, mas me parece que estou dizendo de modo mais simples". Os quartetos, complexos como possam ainda ser (e são), de fato se apresentam como poesia caracterizada por certa urgência de te dizer alguma coisa específica.

A você.

Pessoa que lê.

Que lia décadas atrás, lê hoje.

Sem abrir mão da densidade e da elaboração sonora, sem abrir mão da intensidade e da intenção filosófica, Eliot pretendia provocar efeitos, mudanças. Ele queria tocar seu leitor e se servia, para isso, de um acesso mais racional, mais articulado. E sua saída, ou sua porta de entrada para essa nova poesia, veio da música, exatamente como vemos acontecer na obra tardia de Joyce. Já numa carta de 1938 o próprio Eliot registrava essa "virada musical" de sua poesia de maturidade, ao afirmar: "O que me interessa é o elemento dramático, e acho que o maior interesse dos melhores entre os meus poemas de juventude é o esboço, ainda que ligeiro, de personagens; você pode observar um certo período de transição (*Quarta-Feira de Cinzas*) em que não há interesse dramático; e agora me interessa especialmente o teatro. Mas também me interessam (*Burnt Norton*) possíveis aproximações com a forma musical e o efeito musical".

Também como Joyce, é importante registrar que Eliot operou de fato essa assimilação empregando uma noção de musicalidade muito mais aprofundada do que a ideia frequentemente encontrada, que resume as qualidades ditas "musicais" de um poema aos seus efeitos sonoros. A música afinal é composta obviamente de sons. Mas a sucessão de ruídos esteticamente satisfatórios jamais gera música; ela no máximo cria paisagem sonora. E a grande cruzada de toda a música sem palavras no ocidente foi sempre encontrar modos de organizar o discurso sonoro no tempo, fornecer-lhe coerência e estrutura, garantir seu interesse. A música, para os músicos, é estrutura.

Em 1942, logo no fim do processo de publicação dos *Quartetos*, Eliot ministra uma série de palestras sobre prosódia poética na Universidade de Glasgow. O título que dá a essas falas, editadas por Frank Kermode em 1975, é justamente *The Music of Poetry*, a música da poesia. Ali, no que se refere ao tema que nos interessa agora, ela afirma por exemplo que "o uso de temas recorrentes é tão natural para a poesia quanto o é para a música. Há possibilidades em verso que têm certa analogia com o desenvolvimento de um tema por grupos diferentes de instrumentos; há possibilidades de transições em poesia que podem ser comparadas aos diferentes movimentos de uma sinfonia ou de um quarteto; há possibilidades de arranjo contrapontístico do material temático".

E é aí, na estrutura musical, que reside de fato o paralelo entre os quartetos de Eliot e os quartetos, digamos, de Beethoven ou de Bartók. É através do emprego estruturante de repetições, reelaborações, recorrências e espelhamentos que os poemas vão ganhando corpo e se erguendo como construtos verbais baseados em estruturas abstratas da música. Não é algum impressionismo estético que leva o crítico Hugh Kenner a aproximar os poemas e o *Quarteto número 4* de Bartók, mas a estrutura em *quiasmo* da peça bartokiana, com seus cinco movimentos (todos os *Quartetos* têm cinco partes) estruturados como uma boneca russa, com o movimento central sendo cercado de dois movimentos especulares, flanqueados eles também por dois movimentos inter-relacionados.

Que fique claro, no entanto, que essa abordagem musical da literatura em Eliot se dá nos termos da própria poesia. Dessa vez ao contrário de Joyce, que no *Finnegans Wake* talvez tenha chegado a abrir mão do literário em favor do musical, Eliot ia à música como poeta. E como poeta fazia sua revolução final. Numa carta de 1943, a Ford Maddox Ford, ele deixa registrado que sua intenção naquele momento era "escrever uma poesia que fosse essencialmente poesia, sem nada de poético, poesia que ficasse de pé nua, pele e osso, ou uma poesia tão transparente que nela não se visse a poesia, mas aquilo que deveríamos ver através da poesia, uma poesia tão transparente que ao lê-la ficássemos conscientes daquilo que o poema aponta, e não da poesia, esse me parece ser o objetivo. Ir além da poesia, como Beethoven, em suas últimas obras, quis ir além da música". E agora é nessa nova poesia plena porque musical, nessa estruturação do passado (citações), de seu passado (sua vida e sua obra anterior), do presente e do futuro de sua literatura que Eliot vai encontrar sua maior contribuição para a forma poética.

É por isso que talvez esses poemas encontrem sua mais perfeita representação na citação da anacoreta renascentista Juliana de Norwich, que faz parte de "Little Gidding".

All shall be well, and all shall be well, and all manner of thing
[shall be well.

Um texto que é ele próprio baseado em repetição e variação, que aparece ele mesmo citado (repetido) e repetido (citado) no poema.

E com que efeito. E com que ampliação desse efeito a cada releitura...

* * *

Muito se poderia ainda dizer, é claro, daquele conteúdo complexo que Eliot queria expressar numa linguagem mais simples. Muito se pode falar do aporte filosófico, religioso e pessoal, talvez fundamentalmente redencionista, do conjunto desses quatro poemas (que, aí sim, precisam ser lidos como um todo), muito se poderia falar do tom dominante desses versos que, mesmo nessa possibilidade de trânsito *per aspera ad astra*, rumo a um céu possível, são tão diferentes da "solução" encontrada ao final de *A terra devastada*.

Mas o fato é que esses estranhos poemas de biografia e universalidade, de tensão e redenção, de guerra e de pós-guerra, de infância e de maturidade funcionam, em termos de linguagem (e portanto em termos de tradução) nessa tensa negociação entre a palavra direta, compreensível, e os efeitos musicais, de enlevo e quase de suspensão do raciocínio. É nesse lugar que eles buscam sentido, direção e significado.

E é essa a lâmina de navalha que a tradução desses versos deve percorrer. Sem sacrificar a discursividade, a quase "argumentatividade" transparente, silogística e razoavelmente clara que permite que os poemas abordem complexas questões filosóficas, éticas e religiosas, o texto traduzido deve também dar voz a uma musicalidade sutil, abrangente, tecida entre todas as linhas e capaz de elevar o tom e o efeito do discurso, apenas nos momentos justos, com o justo grau de surpresa, de encanto.

É de fato muito difícil se conter na tradução da poesia madura de Eliot. Ela é linda, e o tradutor tende a se deixar levar (ou, sejamos honestos, este tradutor tende a se deixar levar) por essa beleza e pela necessidade de transmitir esse enlevo, dar a ver. Eliot, ao comentar uma vez sua gravação dos *Quarte-*

tos, dizia querer que alguns dos trechos soassem mais mornos, menos empolgantes. E essa distinção, essa passagem do quase professoral ao vático, ao extático, é algo de que depende muito da capacidade de sedução e de convencimento dos poemas, e do conjunto por eles formado. E como nem sempre se consegue recuperar o nível de impacto estético de cada efeito a cada momento, volto às tentativas de pequenas compensações e acabo achando mais do que aceitável elevar um tanto o tom e o efeito pontual de um certo verso para manter como que a "temperatura" estética do poema todo. Ao mesmo tempo, é preciso se conter, definir com cuidado os limites do que se pode tentar sem descaracterizar a voz meticulosamente construída dos *Quartetos*, sem fazer com que eles sejam outra coisa além da coisa impressionante, fugidia e perfeita que são.

Tomara que eu tenha conseguido, tomara que tudo fique bem, e tudo fique bem, e tudo quanto seja fique bem.

Como nota à parte, e como tributo à profunda musicalidade da obra de Eliot, talvez valha registrar que Thomas Adès (nascido seis anos depois da morte do poeta, e muito possivelmente o maior compositor vivo hoje) parece ter uma forte ligação com sua poesia.
Seu opus 1 se chamava *Five Eliot Landscapes*. Ali poemas de Eliot eram apresentados com voz e piano. Três anos depois ele estreou ...*But All Shall Be Well*, para orquestra, em que, apesar de não haver texto, a melodia acompanha diretamente a (re)citação do trecho de Juliana de Norwich. Em 2010, chegando aos quarenta (Eliot tinha 48 quando publicou o primeiro *Quarteto*), ele estreia uma obra, que

nada tem de texto, de palavra ou de poesia: um quarteto de cordas, precisamente, que se chama *The Four Quarters*, numa alusão mais do que clara aos poemas finais de Eliot.

Mais um círculo que se fecha.

Gatos

Logo depois da morte de seu pai, em 1919, Eliot escreve ao irmão lembrando as características de Henry Ware Eliot que mais o comoviam ("sua flauta, seus desenhos"...). Nessa carta ele menciona que guarda com carinho certos desenhos de gatos que o pai lhe dera.

Esses desenhos, essas lembranças e um fascínio constante pelos gatos (dotados, segundo ele, de quantidades gigantescas de duas qualidades fundamentais: dignidade e comicidade) podem ter levado o poeta a imaginar o projeto para crianças que ele mesmo pretendia ilustrar. Outro motivo, curiosamente, pode ter sido o lançamento, em 1932, de *The Rumble Murders*, romance policial escrito por Henry Ware Eliot Jr.

Thomas era grande leitor de policiais, e chegou mesmo ao ponto de dizer que seu principal método para aprender línguas estrangeiras era ler traduções de Sherlock Holmes. Mas, em outra carta ao irmão autor, ele comenta que não se vê escrevendo esse tipo de livro no futuro. Segundo ele, sua única saída para eventualmente ampliar sua renda como escritor seria escrever um livro infantil.

Há indícios de que ele pode ter começado a esboçar o que viria a ser esse livro ainda em 1933; e em 1936 o catálogo de primavera da Faber anunciava um livro muito parecido com o que hoje temos em mãos. Mas a redação efetiva dos poemas parece ter ocorrido apenas entre 1936 e 1938 (só nosso amigo "Bento" foi escrito mais tarde, em 1944).

E o curioso é que, com o livro pronto, Eliot o entregou à editora em que trabalhava sem identificar o manuscrito, que vinha assinado apenas pelo "Velho Gambá". O livro recebeu a partir daí seis pareceres dentro da Faber, indo da recusa mais violenta a declarações de que se a editora não aceitasse aqueles poemas o parecerista perderia sua "esperança na sociedade moderna".

Publicado, o livro rapidamente passou por uma série de reimpressões, e acabou se tornando um sucesso. Já em 1954 teve uma primeira adaptação musical para o palco (de Alan Rawsthorne), e acabou sendo levado à Broadway em 1981 por Andrew Lloyd-Webber, em seu musical *Cats*, que reinventou as regras do gênero e seus parâmetros de sucesso, tendo se mantido em cartaz por mais de vinte anos, ininterruptamente.

Eliot, o cerebral, o complexo, o erudito, o "incompreensível", subitamente aparecia para o público como Eliot, o travesso.

E é claro que não podemos deixar de perceber este livro como uma exceção em sua trajetória. Por outro lado, se pararmos para pensar um pouco mais, não custa esforço lembrar aqueles estranhos comentários sobre a relativa "seriedade" de certos trechos de *A terra devastada*, e não é demais evocar um depoimento de W. H. Auden, que conheceu Eliot como colega e como editor, e declarava que ele tinha, sim, a seriedade de um sacristão, mas, ao mesmo tempo, a jocosidade de um menino de doze anos de idade.

É esse lado de Tom Eliot que você pode encontrar nesses lindos poemas, virtuosisticamente construídos e deliciosamente tolos. Poemas que só podem ser o que são, e só podem ser como são, pelo fato de terem sido escritos diretamente para crianças (os afilhados de Eliot, como registra a dedicatória do volume), por terem sido pensados como artefatos poéticos que têm não apenas a possibilidade mas a obrigação de divertir, surpreender e entreter.

Se a poesia de Eliot talvez tenha começado querendo dizer coisas inexprimíveis, empregando para isso uma forma talvez incompreensível, e então evoluído ao longo das décadas para uma tentativa de dizer coisas complexas mas articuladas, determinadas, através de uma forma densa mas idealmente límpida em termos de comunicação, aqui o que nós encontramos não está nem lá nem cá. O que vemos em *O livro dos gatos sensatos do Velho Gambá* é um dos versificadores mais competentes do século usando todo o seu talento para dizer "bobagem" da maneira mais interessante possível, em termos de "superfície".

Pois a sofisticação e o ludismo formais (irmãos tão próximos) são de fato instrumentos dos mais eficientes para captar e manter a atenção de um público que, ele próprio, se define por seu ludismo. Por outro lado, esse verniz aplicado à superfície, à pele do texto, é também uma das maneiras mais eficazes de ampliar o interesse dos poemas, fazendo com que os adultos igualmente encontrem neles algo de suculento, de firme e satisfatório.

O próprio Eliot, em 1933, comentava que "Lear e Carroll escreveram para crianças, mas para crianças que conheciam pessoalmente. As crianças gostam de suas obras, mas isso é apenas marginal; nosso prazer de adultos é o que de fato importa". E é bem verdade que os *limericks* absurdos de Edward Lear e as fantasias elaboradíssimas da Alice de Carroll realmente se mantêm vivos por seu interesse "maduro". Mas também não se pode negar que parcela relevante desse interesse adulto deriva na verdade de sua perfeita realização "como obras para crianças". E talvez venha daí aquela ressalva de Eliot, sua determinação de registrar que aqueles autores não estavam escrevendo "literatura infantil", e sim para destinatários reais, conhecidos, que calhava serem crianças.

Escrever literatura, ponto, tentando fazer com que ela seja acessível para um destinatário de pouca idade. Eis talvez o segredo de toda a boa literatura infantil.

No que se refere à tradução, esse esforço de comunicação e sofisticação se refletiu numa considerável alteração de postura, de atitude, que talvez mereça alguma explanação.

Eu disse na "Nota do tradutor" que aceitava ser julgado apenas pelo resultado do poema do gato Bento. E não me desminto. A tradução desses poemas divertidos me gerou imenso prazer e, como no caso da "escrita" dessa literatura acessível para crianças, me colocou diante de constrições rigorosas e de uma liberdade na mesma medida espantosa, que precisou ser medida com muito cuidado. É bem possível que o primeiro ou os dois últimos poemas do livro dos *Gatos* tenham me custado mais horas por verso do que qualquer outro trecho do livro. Mas também é possível que seu resultado, talvez até pelo esforço demandado, seja o que mais me causa satisfação.

Humor, literatura infantil... são campos onde o naufrágio é quase garantido, e onde qualquer pequeno tropeço é estrondoso. São esferas onde quem se suja suja-se gordo. São campos que dependem de ajustes muito finos, que funcionam com regras muito delicadas, em dinâmicas sempre prestes a falhar. Porém, em vários sentidos são exatamente essas dificuldades, bem como aquele emparelhamento de regras rígidas e subsequente exigência de criatividade, que fazem a alegria maior de quem se dedica à tradução literária. Outra área em que quando se erra se erra muito, e se erra feio; mas quando se acerta...

As formas, os moldes dos poemas dos *Gatos* tendem a ser mais estritos do que o normal, para Eliot. Mas mesmo aqui ele não se deixa seduzir pelo rigor absoluto de formas simples previamente consagradas. Há muitíssimo mais rimas nos *Gatos*, mas Eliot elabora complexos esquemas de rimas internas, emprega todo tipo de rimas imperfeitas, torce palavras perfeitamente normais apenas para gerar uma rima forçada, de efeito cômico.

Há um pulso muito mais regular na grande maioria dos poemas dos *Gatos*, mas o metro dos versos tende a trazer a semente da irregularidade, as linhas tendem a ser divisíveis, as células rítmicas podem ser longas e inconstantes, os padrões podem se ver desmentidos de forma gritante de um momento para o outro... E tudo isso se soma, num projeto de tradução, às irregularidades derivadas do contraste de sistemas prosódicos diferentes.

Eliot, por exemplo, usa muito um recurso bem caro a certa poesia para crianças na língua inglesa (recurso que aparece em Carroll e que ainda está de pé no último livro de Dr. Seuss, obras separadas por mais de um século), que é a alternância entre dois tipos de "unidade" métrica logo na abertura dos versos. Nesses casos, o verso pode tanto começar com uma palavra como "inventar", em que duas sílabas levam ao acento, quanto com algo como "ventar" com apenas uma átona antes do icto. Ou seja, ele está lidando com dois versos que no fundo são de tamanhos diferentes, mas cuja diferença vem principalmente da abertura, do começo, porque a partir daí eles se correspondem acento por acento. E como articular essa singularidade com a nossa prática de não escandir as sílabas que se seguem à última tônica de cada verso, num sistema que nos leva a lidar com (ao menos) dois versos de tamanho diferente como se fossem iguais, sendo que a diferença entre eles está no fechamento, no fim da linha? Tento usar uma sílaba a menos no começo de cada verso que se siga a um final paroxítono, que afinal tem uma sílaba átona a mais no final?

E, mais importante do que tudo: alguém ainda está me acompanhando nessa deblateração?

Alguém se interessa por isso?

Mas a questão é que eu tendo a responder por você, e tendo a te dizer que sim, que, por mais que você possa muito bem não se interessar por isso como discussão teórica, esse processo todo te interessa diretamente, por mais que você não saiba. Porque desde a primeira página deste volume foi te sendo mostrada uma poesia que "canta", que "ritma", como dizia Virginia Woolf. Mas em geral esses recursos eram usados nos versos de maneira sutil, delicada, mais ou menos como a complexidade rítmica de uma peça de música barroca, por exemplo, é menos óbvia do que a de um samba carioca, apesar de não ser necessariamente "menor" que ela.

Aqui, no entanto, esses recursos vieram à boca de cena; e pedem aplauso. Os poemas precisam fluir, precisam dançar. Precisam de certa forma chamar atenção para o "como" são tecidos, entretecidos, ouvidos. E se você não tem a menor vontade de tentar entender os dilemas envolvidos na tradução para o português do tetrâmetro anapéstico acéfalo inglês (porque é disso que se trata...), mesmo assim será plenamente influenciável pelos momentos em que, se tudo der certo, a tradução conseguir resolvê-los de maneira satisfatória.

Porque essas vão ser as horas em que o poema vai dar pulinhos.

E te fazer saltitar com ele.

Outra questão que merece comentário é a opção por eliminar dos poemas, por exemplo, nomes de ruas, de regiões de Londres. Na verdade, posso mesmo dizer que a opção foi por apagar a "londrinidade" dos textos, sem no entanto reencená-los no Brasil. Naquela tentativa algo paradoxal de escrever poemas (traduzir um poema é escrever outro poema) que falem diretamente aos adultos ao mesmo tempo que se dirigem pontualmente a crianças, notas de rodapé seriam descabidas, e qualquer elemento estrangeirizante seria de fato alienador.

Assim, se altero e excluo um topônimo estou agindo segundo os mesmos princípios de legibilidade e ludicidade que me permitem vez por outra inventar um "nhoque" apenas para gerar uma rima divertida, pois estou tentando garantir que aqueles meus leitores ideais (meus sobrinhos de entre um e sete anos de idade, por exemplo) possam em breve se divertir com esses poemas sem ter que pedir explicações pontuais, sem ter que lidar com coisas que não lhes digam respeito imediato. Sem se ver expulsos do poema.

O que no fundo é o mesmo tipo de razão que me permite julgar legítima a tentativa de "nacionalizar" o sotaque cockney do gato Morgan, ao transformá-lo em (Chico?) Bento, empregado não da Faber, mas de alguma editora brasileira. As crianças podem, sim, encontrar palavras novas, ideias desconhecidas nesses textos. Mas não podem não ter acesso aos poemas dos *Gatos*, ainda que a leitura dos adultos seja de fato aquela que mais interessa.

Será?

Se apenas ficou divertido, já terá valido a pena.

As fontes

Valerie Eliot foi a primeira grande editora da obra do marido. Durante décadas ela cuidou da publicação de seu legado. Já no século XXI, ao perceber que o trabalho ainda era imenso e que não poderia dar conta de tudo, passou parte dessa responsabilidade diretamente a Ronald Suchard, que hoje se aposentou como professor universitário para se encarregar do projeto de edição daqueles oito volumes com a "prosa" completa de Eliot, que gradativamente têm sido publicados pela Johns Hopkins University Press.

Outra coleção "em curso" é a das cartas do poeta, pela Faber & Faber, iniciada também por um esforço de Valerie. Até o momento em que escrevo, já foram lançados sete alentados volumes (mais de 6 mil páginas, ao todo), que no entanto cobrem apenas sua correspondência até 1935.

A edição mais recente da obra poética saiu também pela Johns Hopkins, organizada por Christopher Ricks e Jim McCue. Mais do que reunir todos os poemas em versões filologicamente confiáveis, os dois volumes de *The Poems of T.S. Eliot* fornecem um aparato absurdamente aprofundado e definitivamente imprescindível de notas e comentários críticos, sem o qual nem esta tradução nem este posfácio teriam qualquer vestígio da solidez e do rigor que tenham desejado alcançar.

Mal cabe mencionar um ou outro entre os inúmeros livros escritos sobre Eliot nas últimas muitas décadas. Registro, apenas para manter a ênfase em abrangentes projetos recentes, a belíssima biografia de Robert Crawford, cujo primeiro volume, *Young Eliot: From St. Louis to The Waste Land*, foi uma agradável companhia desde os primeiros dias em que me vi envolvido com este projeto. Crawford aguarda apenas a liberação das cartas trocadas por Eliot e Emily Hale, seu amor de juventude, para entregar seu segundo volume.

No Brasil, ao longo dos anos, foram publicados alguns livros dedicados à ensaística de Eliot, com destaque para *O uso da poesia e o uso da crítica*, ainda em catálogo pela Editora Nacional, em tradução de Cecilia Prada. Duas introduções à obra e ao mundo de Eliot disponíveis em português são *T.S. Eliot*, de Northrop Frye, publicado pela Imago em tradução de Élide-Lela Valarini, e *A era de T.S. Eliot*, de Russel Kirk, lançado pela É Realizações, com tradução de Márcia Xavier de Brito.

Inúmeros tradutores já se dedicaram à obra de Eliot no Brasil, e seria impossível traçar nem que fosse um esboço de levantamento sem correr o risco de incorrer em violentas injustiças. No entanto, a antologia *Poesia*, organizada e traduzida por Ivan Junqueira (em várias edições diferentes, desde 1981), merece destaque como a primeira grande reunião de poemas de Eliot entre nós. O mesmo vale para *Os gatos*, de Ivo Barroso, também em mais de uma edição diferente, a partir de 1991. Destaco, numa amostra do restante da considerável produção tradutória e crítica, o volume *Poesia em tempo de prosa*, de Kathrin H. Rosenfield e Lawrence Flores Pereira, que une traduções e leituras críticas de vários poemas.

Fica aqui o meu respeito a todos esses tradutores prévios, que quase invariavelmente trabalharam em condições piores do que as minhas (acesso a bibliografia, disponibilidade de fortuna crítica), e que sempre terão obtido resultados capazes de me deixar com inveja.

Tomara fique agora um livro a mais.

Esta, hoje, é a tradução de que eu mais me orgulho.

E foi também a que mais me pôs em pânico. Foram meses travado, sob o peso da presença de tradutores passados, presentes, futuros. Sob o impacto da importância dos poemas. Sob o olhar do velho Thomas. E o teu.

Chegou a bom termo?

Chegou a seu termo. Fica agora para você. De minha parte, exposto, encaro ser julgado, bem ou mesmo muito mal, pelo resultado nem que seja apenas do último poema. Que o gato Bento me defenda se puder.

Agradeço aos meus colegas da UFPR, que me concederam um ano de licença para um pós-doutoramento que trata também da obra de Eliot. À professora Sandra Vasconcelos, orientadora dessa pesquisa na USP. Ao CNPq, pela bolsa de produtividade. A Paulo Henriques Britto (*la mia libbra*), Rodrigo Tadeu Gonçalves, Pedro Dolabela Chagas, Luís Bueno, André Conti, Rogerio e Lauro Galindo, por leituras e sugestões. A esta editora, pelo privilégio da confiança. A Alice Sant'Anna pela paciência (*conseguimos, menina*). A Guilherme Gontijo, poeta maior que eu, pela cuidadosa preparação do texto e por miríades de sugestões e melhorias.

A Sandra M. Stroparo, minha mulher, pela ajuda muita e sempre e tão mais tudo. Porque no fundo isto aqui é por ela, e pra ela.

A você, pela tolerância. A Thomas Stearns Eliot pela música, palavras.

Curitiba, março de 2017 — maio de 2018

Sobre o autor

Thomas Stearns Eliot nasceu em St. Louis, Missouri, nos Estados Unidos, em 1888. Estudou Filosofia em Harvard, na Sorbonne e em Oxford. Em 1914, se mudou para a Inglaterra, onde começou a trabalhar como professor e, em seguida, no Lloyds Bank. Em Londres, conheceu Ezra Pound, que exerceu enorme impacto em sua trajetória: ao perceber o talento do jovem poeta, Pound colaborou para a circulação de sua obra em publicações literárias, a começar por "The Love Song of J. Alfred Prufrock" na revista *Poetry*, em 1915.

O poema ganharia forma de livro dois anos mais tarde, sob o título *Prufrock and Other Observations*, que imediatamente lançou T.S. Eliot como um dos mais importantes nomes da vanguarda literária e do modernismo em língua inglesa. O reconhecimento tomou proporções ainda maiores em 1922, quando *The Waste Land* veio a público. O poeta publicou também *Poems* (1920), *The Hollow Men* (1925), *Ariel Poems* (1954), *Ash Wednesday* (1930), *Old Possum's Book of Pratical Cats* (1939) — que ganharia adaptação em 1981 para os palcos por Andrew Lloyd Webber, transformando-se em um estrondoso sucesso musical na Broadway — e *Four Quartets* (1943).

Em 1925, Eliot começou a trabalhar na editora Faber & Faber, onde foi responsável pela publicação de muitos jovens poetas, e mais tarde viraria diretor da empresa. Dois anos depois, se tornou oficialmente cidadão britânico. Poeta, crítico, ensaísta e dramaturgo, foi condecorado com o prêmio Nobel de literatura em 1948. Morreu em Londres em 1965.

Sobre o tradutor

Caetano W. Galindo nasceu em 1973, em Curitiba, onde mora com sua mulher, Sandra Stroparo. É professor da Universidade Federal do Paraná. Suas traduções incluem cinco volumes dedicados à obra de James Joyce, sobre a qual publicou também o livro *Sim, eu digo sim: Uma visita guiada ao Ulysses de James Joyce*. Já traduziu a poesia de Lucian Blaga, Paul Auster, Lou Reed, Bob Dylan e Kenneth Goldsmith. É pai de uma filha, Beatriz, e de um livro de contos, *Sobre os canibais* (no prelo).

Índice de títulos e primeiros versos

A canção de amor de J. Alfred Prufrock, 13
A canção dos Coisulinos, 319
A velha Gatinorme, 305
Animula, 211
Bistovão Colosso: o Gato Aristocrata, 351
Burbank com um Baedeker: Bleistein com um charuto, 71
Burnt Norton, 225
Chulipa: o gato ferroviário, 355
Conversation Galante, 59
Da pavorosa batalha de Pequins e Bichulins, 331
Dans le Restaurant, 95
Dar nome pra um gato, 301
East Coker, 239
Embora eu não espere tornar mais, 197
Gerontion, 65
Histeria, 57
Inter-pelar um gato, 361
Jornada dos magos, 203
La Figlia Che Piange, 61
Le Directeur, 85
Little Gidding, 277
Lune de Miel, 89
Manhã à janela, 47
Marina, 215
Mauválio: o gato dúbio, 343
Mélange Adultère de Tout, 87
Mestre Fistofelino, 337
Mingogério e Rumpeltim, 323
Morte na água, 139
Na primeira volta da segunda escada, 187
O "Boston Evening Transcript", 49
O cultivo de árvores de Natal, 219
O enterro dos mortos, 113
O Gato Bento se apresenta, 367
O gato Rosnulfo não vai se render, 309
O Hipopótamo, 91

O que disse o trovão, 141
O sermão do fogo, 127
O serviço religioso das manhãs dominicais do sr. Eliot, 103
O velho Deuteronômico, 327
Os homens ocos, 167
Pirlimpimpão, 315
Porque eu já não espero tornar mais, 179
Prelúdios, 35
Prima Nancy, 53
Quem tem andado entre a violeta e o violeta, 189
Rapsódia para uma noite de vento, 41
Retrato de uma senhora, 25
Se está perdido o verbo perdido, se está gasto o verbo gasto, 193
Senhora, três leopardos brancos sob um pé de zimbro sentados, 183
Sr. Apollinax, 55
Sussurros de imortalidade, 99
Sweeney entre os rouxinóis, 107
Sweeney ereto, 75
The Dry Salvages, 257
Tia Helen, 51
Um cântico para Simeão, 207
Um ovo para cozinhar, 81
Uma partida de xadrez, 119
Zé: o Gato do Teatro, 347

1ª EDIÇÃO [2018] 2 reimpressões

ESTA OBRA FOI COMPOSTA PELA SPRESS EM PERPETUA E IMPRESSA EM OFSETE
PELA GEOGRÁFICA SOBRE PAPEL PÓLEN SOFT DA SUZANO S.A.
PARA A EDITORA SCHWARCZ EM MARÇO DE 2022

A marca FSC® é a garantia de que a madeira utilizada na fabricação do papel deste livro provém de florestas que foram gerenciadas de maneira ambientalmente correta, socialmente justa e economicamente viável, além de outras fontes de origem controlada.